Diederichs Kabinett

Märchen und Sagen aus Hunza

Gesammelt und übersetzt
von Sabine Felmy

Eugen Diederichs Verlag

Mit 10 Fotos von Sabine Felmy

CIP-Kurztitelaufnahme der Deutschen Bibliothek
Märchen und Sagen aus Hunza
Gesammelt u. übers. von Sabine Felmy.
1. Aufl. - Köln: Diederichs, 1986.
(Diederichs Kabinett)
ISBN 3-424-00893-1
NE: Felmy, Sabine [Hrsg.]

Erste Auflage 1986

Umschlaggestaltung: Antje Ketteler
unter Verwendung eines Fotos der Autorin
Satz: Fotosatz Harten, Köln
Druck und Bindung: May & Co., Darmstadt
ISBN 3-424-00893-1

FÜR H. K. W.
UND DIE FREUNDE AUS HUNZA

INHALT

VORWORT

Hunza war für mich schon immer ein Zauberwort. Ich hatte von diesem Bergvolk gelesen, das so lange seine Unabhängigkeit bewahren konnte, von seinem Schamanentum und Geisterglauben, von seiner gesunden Ernährung und Langlebigkeit.

Bergvölker haben mich seit jeher angezogen, da sie viel länger ihre kulturelle Eigenständigkeit behalten, länger unerforscht und rätselhaft bleiben.

1977 startete ich den ersten Versuch, das Volk der Hunzukutz im Norden Pakistans kennenzulernen, was aber am Shangla-Paß sein jähes Ende fand, weil der Landweg noch nicht für Ausländer freigegeben war. Enttäuscht und unter Polizeischutz mußte ich nach Swat zurückkehren.

Mit der Eröffnung des »Karakoram Highway« mehrten sich die Berichte über Hunza in den Medien. Doch es sollte noch drei Jahre dauern, bis ich 1981 meinen ersten längeren Besuch in Hunza machen konnte.1983 folgte ein weiterer und 1984/85 ein einjähriger Forschungsaufenthalt, der ganz und gar den Märchen und Sagen dieser Region gewidmet war. Ich übersetzte und bearbeitete Texte, die in den Zwanziger Jahren von dem britischen Kolonialbeamten D. L. R. Lorimer für linguistische Studien aufgenommen worden waren. Damit hatte die in Hunza, Nager und Yasin gesprochene Regionalsprache Burushaski ihren ersten schriftlichen Niederschlag gefunden; sie läßt sich aber bis heute keiner der bestehenden Sprachfamilien zuordnen.

Die hier vorgestellten Märchen stehen ganz in der Tradition der mündlichen Überlieferung und werden immer noch an langen Winterabenden am wärmenden Holzfeuer erzählt. Sie sind die einzige Form lokaler Geschichtsaufzeichnung und tragen dazu bei, das kulturelle Erbe von Generation zu Generation lebendig zu halten.
Obwohl es in Hunza keine professionellen Geschichtenerzähler gibt, scheinen die Märchen und Sagen in einer weitgehend identischen Form zu zirkulieren; aber vereinzelt kommen auch unterschiedliche Versionen desselben Inhalts vor. Einige wenige Geschichten sind fremden Ursprungs und mit in das Erzählgut aufgenommen worden.
Die Märchen und Sagen der Hunzukutz entführen uns in eine Welt, in der Feen, Hexen und Dämonen ebenso real sind wie Schamanen, Könige, Heilige und Tyrannen.
Mit der Vorstellung dieses Erzählrepertoires verbindet sich für mich eine Auffassung von Anthropologie, die über ein Staunen und Beschreiben hinaus auch das Volk selbst zu Wort kommen lassen möchte.
Ein Dank an die Hunzukutz, die mich bereitwillig an ihrem Leben teilnehmen ließen und mich bei der Arbeit an diesem Buch unterstützten.

Sabine Felmy, Berlin

ZUR EINFÜHRUNG

Hunza, »Heimat des Schnees«

Hunza liegt »hinter den sieben Bergen« im Zentrum von vier der höchsten Bergmassive der Erde: Himalaya, Karakorum, Hinduskusch und Pamir. Die Inder nennen es »Hyn-des«, »Heimat des Schnees«, die Chinesen »Kanjut« oder »Goldland«, und sein tibetischer Name ist »Hai-Hai-Yul« das heißt »Land der Viehherden«.

In dieser Welt von Schnee und Eis – vier Gletscher des Karakorum sind länger als 50 km – konnten die Bewohner Hunzas, die Hunzukutz, in relativer Abgeschiedenheit ihre kulturellen und sprachlichen Besonderheiten jahrhundertelang bewahren. Sie waren aber auch gezwungen, eine eigene Überlebensstrategie zu entwickeln, denn das extreme Hochgebirgsrelief des Nordwest-Karakorum erschwerte den Austausch mit den angrenzenden Nachbarn: Afghanistan und China im Norden und Osten, im Westen Ishkoman und im Süden Nager und Baltistan.

So lebten die verschiedenen, voneinander isolierten Talschaften lange unbeeinflußt von der Außenwelt und allein von Subsistenz-Landwirtschaft und Almwirtschaft.

Unter den vorherrschenden klimatischen Bedingungen und angesichts der begrenzten natürlichen Ressourcen ist ein Ausnutzen aller ökologischen Zonen notwendig, um in dieser Hochgebirgswüste fruchtbare Siedlungsoasen zu ermöglichen.

Die Region liegt im Schnittbereich des zentralasiatischen Trockengürtels mit der Subtropenzone. Bei durchschnittlich

130 mm Niederschlag im Jahr ist kein Regenfeldbau möglich. Die Sommer sind extrem heiß, im Winter liegen die Durchschnittstemperaturen unter dem Gefrierpunkt.
Nur ein ausgeklügeltes Kanalsystem, das sich die Schmelzwasser der Seitentäler zunutze macht, erlaubt intensive Bewässerungslandwirtschaft.
Mit dem Anschluß an Pakistan 1974 wurde jedoch die Notwendigkeit zur Selbstversorgung in den Bergtälern des Karakorum abgemildert.
Die Auflösung der Fürstentümer in den Nordgebieten erfolgte unter der Regierung Bhutto im Jahre 1972. Nur in Hunza konnte der *Mir* bis zu seiner Pensionierung noch zwei weitere Jahre regieren.
Hunza ist heute als Teil der Nordgebiete direkt der Landeshauptstadt Islamabad unterstellt. Ghazanfar Ali Khan ist der Sohn des letzten *Mir*, Jamal Khan (1945–1974), und vertritt die Interessen der 30 000 Talbewohner als Abgeordneter im »Rat der Nordprovinzen«.
Verbesserte Infrastrukturmaßnahmen haben Hunza aus seiner Isolation herausgerissen. Heute erreicht man Karimabad – neuer Name der alten Hauptstadt Baltit zu Ehren von Prinz Karim Aga Khan, dem geistlichen Oberhaupt der Ismailiten, – auf dem 1978 fertiggestellten »Karakoram Highway«, der Pakistan mit der chinesischen Provinz Sinkiang verbindet.
Diese 753 km lange »Straße der Freundschaft« befördert pakistanische und ausländische Touristen, Konsumgüter, Entwicklungshilfeprojekte und moderne Ideen den Indus entlang nach Hunza und in umgekehrter Richtung arbeitssuchende und bildungshungrige Hunzukutz in die Großstädte des Landes.
Die Eingliederung in die Verwaltung Pakistans brachte viele positive Veränderungen mit sich, aber auch einen rapide fortschreitenden Traditionsverlust.
Noch sieht man alte Männer mit der Spindel Ziegenhaare verspinnen, *Pattu* (Wollstoff) auf in die Erde eingelassenen

Webstühlen weben oder *Sherma* (Teppiche) herstellen; Frauen Aprikosenkerne mit einem Stein aufschlagen, um Öl aus den Mandeln zu pressen, und buntbestickte Kappen anfertigen. Noch werden Weidenkörbe geflochten und Holzlöffel geschnitzt, Seile gedreht und Felle verarbeitet.
Es entstand auch ein Bewußtsein für die eigene Sprache, das Burushaski. Eine Heimatgruppe zur Erhaltung des Burushaski bildete sich, die bislang nur mündlich weitergegebene Texte erstmals in einer latinisierten Form fixiert.
Aber schon sind viele Feste in Vergessenheit geraten. Sie boten bisher die einzige Abwechslung im harten Arbeitsalltag. Hindimusikkassetten verdrängen das Tanzen zu Blasinstrumenten und Trommeln. Das Lauschen von Radiosendungen ersetzt das abendliche Geschichtenerzählen. Die »alte Welt« lebt bald nur noch in den Märchen.
Ein Grund mehr, sich beiden zuzuwenden. Denn hier ist das Reich der *Bilasho* und *Dangalatas*, der *Pfutongo* oder *Deumuts*, der *Periting* und *Boyo* – himmlischen oder irdischen Ursprungs, Geistwesen oder Menschen oder keines von beidem oder beides zugleich?

Übernatürliche Wesen

Die Bergwelt von Hunza ist reich an Geistwesen. Auch der Islam konnte animistische Glaubensvorstellungen lange Zeit nicht verdrängen.
Hexen *(Bilas)* und andere weibliche Ungeheuer *(Dangalatas)* trieben vielerorts ihr Unwesen: sie pflegten Menschen zu verschlingen und konnten nur von Schamanen unschädlich gemacht werden.
Selbst dann waren sie noch sehr gefürchtet und man versuchte, sie mit Tieropfern gnädig zu stimmen.
Ihre männlichen Gegenspieler, *Pfut* oder *Deu* genannt, sind in der Vorstellungswelt der Hunzukutz Riesen mit übernatürlichen Kräften. Diese Dämonen waren den Menschen

teils wohlwollend, teils feindlich gesinnt. Man erzählt heute noch, daß Feen *(Periting)*, die als Hüterinnen der Wildziegen gelten, bestimmte Bergregionen bewohnen und Jäger besonders um ihre Gunst werben.
Die Tierwelt wird in Kategorien von rein und unrein eingeteilt, wobei die Ziege und ihre Wildformen (Schraubenziege und Steinbock) das Ideal der Reinheit repräsentieren. Verehrungswürdige Tiere waren *Boyo*, die in ihrem Aussehen jungen Hunden geglichen haben sollen.
Der Wacholderstrauch gilt als heilig und als Wohnsitz von *Boyo* und *Periting*. Wer sich an ihm vergreift, fordert die Überirdischen heraus und muß mit Krankheit oder mit dem Tod rechnen.

Feen

Die Feen Hunzas wohnen auf den höchsten Berggipfeln, und die Jäger stehen unter ihrem besonderen Schutz. Ihr Jagdglück hängt ganz davon ab, ob sie von den Hüterinnen der Wildziegen Beutetiere zugetrieben bekommen. Wenn ein Jäger in Ungnade fällt, weil er sich z. B. durch den Genuß von Kuhmilch verunreinigt hat, dann verläßt ihn beim Jagen der Erfolg, er wird vom Unglück heimgesucht.
Der Weidegrund muß rein bleiben. Daher dürfen bei den Burushos – wie die Sprecher des Burushaski bezeichnet werden – auch keine Frauen als Hirten auf den Almen verweilen. Menstruierende Frauen gelten in den ganzen Nordgebieten Pakistans als unrein.
Die schon erwähnte Abneigung der Feen gegenüber dem Rind und seinen Produkten kann ihnen aber auch selbst zum Verhängnis werden. Neben vertikal stehenden Augenschlitzen und grünen Kleidern besitzen sie als weiteres Merkmal die Fähigkeit zu fliegen. Der Rauch eines Kuhdungfeuers oder darin verunreinigte Kleidungsstücke berauben sie jedoch dieser speziellen Begabung.
Feen können auch Einfluß auf das Wetter nehmen. Die allein

von der Landwirtschaft abhängige Bevölkerung Hunzas ist daher gänzlich auf den Segen dieser »Wettergöttinnen« angewiesen.

Neben den guten Feen – Schutzgeister der Jäger und Schamanen – gibt es böse Feen, die das Alltagsleben der Menschen stören können. So führt man jegliches Unglück, das Bewohner eines neugebauten Hauses ereilt, auf den negativen Einfluß einer *Peri* zurück. Auch Blindheit wird im allgemeinen als Strafe der Feen angesehen. Man hört von Warnungen, mittags auf einen Baum zu steigen, um z. B. Maulbeeren zu pflücken, weil die Gefahr besteht, von einer *Peri* hinuntergestoßen zu werden.

Die böse Fee hat es vor allem auf kleine Kinder abgesehen, die sie davonträgt, um sie in ihrem Machtbereich aufzuziehen. Deshalb versucht eine Mutter schon bei der Geburt – besonders dann, wenn vorher einige ihrer Kinder gestorben sind –, den unheilbringenden Geist abzuwehren, indem sie nach dem Durchtrennen der Nabelschnur das Blut davon ableckt.

Hexen und weibliche Dämonen

Noch grausamere Wesen sind die Menschen verschlingenden Hexen und *Dangalatas,* eine Abart der *Bilasho.* Dieses weibliche Monster wird auch der Familie des *Deu* zugeordnet und kann einen solchen Riesen zum Ehemann haben. Die *Dangalatas* lebt vorwiegend in den Bergen, sucht jedoch nachts bewohnte Orte auf, um über ihre Bewohner herzufallen.

Hexen unterscheiden sich dagegen in ihrem Aussehen nicht von normalen Menschen, können aber nach hinten gewandte Füße oder auffallend zu Berge stehende Haare haben.

Ihre Vorliebe für Menschenfleisch lassen sie zu einem gefürchteten Ungeheuer werden, dem nur Schamanen gewachsen sind oder *Khalifa,* die in Hunza lange Zeit auch als Geisteraustreiber fungierten.

Eine *Bilas* ist verwandlungsfähig und kann verschiedene Tierformen annehmen, u. a. die einer Katze, eines Esels oder einer Elster.

Ihre übernatürlichen Kräfte ermöglichen es ihr, wie die Feen zu fliegen und Menschen zu verschleppen. Wenn sie ein Opfer ins Auge gefaßt hat, ist es ihr nächstes Ziel, es kampfunfähig zu machen und zum Versammlungsplatz der Hexen zu bringen, wo sie das rohe Fleisch unter sich aufteilen.

Das dazu benötigte Breitbeil ist ein bekanntes Attribut der Hexen. Daher wird jedes Breitbeil – und sei es nur für den täglichen Gebrauch bestimmt – als gefährlich angesehen und besonders dann aus dem Haus verbannt, wenn ein Kind geboren wurde. Denn es könnte Beine bekommen und die Tür für *Deumuts, Periting* oder *Bilasho* öffnen.

Manchmal bedienen sich die Hexen auch männlicher Gehilfen, die *Mitu* heißen und für sie die Fleischverteilung vornehmen oder sich als eine Art menschlicher Amboß zur Verfügung stellen.

Die verschleppte Person ist aber nur Opfer im übertragenen Sinn, denn der Körper bleibt noch an dem Ort, von wo die *Bilas* seine Hülle entführte. Im allgemeinen stirbt der Angegriffene bald darauf an einer unheilbaren Krankheit.

Das von der *Bilas* ausersehene Opfer kann seinem Schicksal nur dann entkommen, wenn es ihr Vorhaben durchschaut und es ihm gelingt, sie zu verletzen. In diesem Fall muß sie sterben, es sei denn, ihr Widersacher kann dazu gebracht werden, sie an ihrem Krankenbett zu besuchen. Dann würde sie sich wieder erholen und den Sieg über ihr Opfer davontragen.

Sollte ihr Fuß einen Friedhof oder Wasser berühren, so verliert sie ihre magischen Kräfte und wird daran gehindert, das Opfer zu verschleppen. Auch ein männlicher Gegenspieler, *Pashu* genannt, kann zwischen sie und ihr Opfer treten, vorausgesetzt, es ist noch am Leben.

Einige Geschichten ranken sich um einen weiblichen Riesen und Menschenfresser mit Namen Gilgit Yachini. Ihr Wohnsitz befand sich am Eingang zum Kargha-Tal westlich von Gilgit und nur wenige konnten sie ungeschoren passieren. Noch heute steht an dieser Stelle in Naupur eine ungefähr drei Meter hohe Buddhastatue, die im Volksmund als die Versteinerung der Gilgit Yachini gilt, weil ihre Körperhaltung der in den Märchen beschriebenen nach dem Bann entspricht.

Pfutongo und Deumuts

Die männlichen Vertreter der übelgesinnten Geistwesen sind Dämonen und Riesen mit magischen Kräften, die sie wie der Weiße Deu zugunsten ihrer Schützlinge einsetzen oder zum Schaden der Menschen.

Letzteres kommt in einer althergebrachten Sitte zum Ausdruck: Bei der Geburt eines Kindes bewacht jeweils ein Mann die Tür und das Rauchloch, um *Pfutongo* oder *Bilasho* am Eintreten zu hindern. Das Rauchloch im Dach des traditionellen Hunzahauses dient als Lichtquelle und zugleich als Abzug für das offene Feuer. Es stellt eine Verbindung zwischen der irdischen und der überirdischen Sphäre dar.

Böse Geister werden außerdem mit Hilfe von menschlichen Kieferknochen abgewehrt; die von Schamanen gelten als besonders wirksam.

Auch das Verbrennen von Wacholderzweigen schützt vor dem schädlichen Einfluß von *Pfutongo* und *Bilasho,* und es reinigt denjenigen, der die Zweige für Bitt- oder Dankopfer anzündet.

Deumuts sind in der Lage, verschiedene Gestalten anzunehmen und sich dadurch unkenntlich zu machen. Aber die Eigenschaften dieser Riesen sind nicht so hervorstechend und unterscheiden sich nicht grundsätzlich von denen ihrer »Berufskolleginnen«.

Die *Boyo*-Verehrung war das Relikt eines lokalen heidnischen Kultes aus vorislamischer Zeit. Er hielt sich bis Anfang dieses Jahrhunderts. Heute wird der Begriff »*Boyo*-Verehrer« als Schimpfwort für einen Ungläubigen gebraucht.
Die *Boyo* wurden als Geistwesen in Tiergestalt angesehen und vielerorts um das tägliche Brot gebeten. Diese kleinen hündchenartigen Wesen kamen unter Steinen und Wacholderbäumen hervor. Deshalb gab es Bäume, die *Boyo*-Wacholder genannt wurden, als heilig galten und demjenigen, der sie fällen wollte, Unglück brachten.
Besonders aus Chalt, Chaprot und Hindi ist bekannt, daß die Bevölkerung den *Boyo* Opfergaben darbrachten und ihre Gebete und Wünsche an sie richteten.
In Hindi hausten die *Boyo* oberhalb des Forts. Ihre Anbetung und das *Sheres*-Fest zu Ehren der Dadi von Hindi, einer gefürchteten *Bilas,* wurden erst von Tham Muhammed Nazim Khan (1892– 1938) erfolgreich unterbunden.
Boyo werden auch in einem anderen Zusammenhang in der Singularform *Boin* erwähnt. In Hunza legte man im Namen dieser als heilig betrachteten Wesen Eide ab. Man fürchtete sie als Rächer für gebrochene Schwüre, die unter Anrufung von Sahale Boin und Halasa Boin ausgesprochen worden waren. In der Geschichte der feindseligen Brüder kann Khamer seinen Bruder Khuru gerade noch rechtzeitig davon abbringen, diese Heiligen als Zeugen zu benennen.

Die Bitaiyo

Schamanen genießen seit Urzeiten (siehe Ausrottungsmythos »Vom Schicksal der Tapkients«) eine Sonderstellung in der Gesellschaft aufgrund ihrer Vermittlerrolle zwischen der überirdischen und der menschlichen Welt. Sie waren dadurch auch in der Lage, Mißstände anzuklagen oder gar den König selbst zu kritisieren.

Bitaiyo gelten in Hunza als Menschen mit übernatürlichen Kräften, deren Dienste als Propheten, Zauberer und Heiler in Anspruch genommen wurden. Sie entfalteten ihre Fähigkeiten erst nach dem Inhalieren von Rauch brennender Wacholderzweige und dem Genuß warmen Ziegenblutes. Anschließend tanzten sie zu rhythmischen Trommelschlägen, bis sie einen Trancezustand erreichten. Nach der Zukunft befragt, gaben sie dann die Botschaften der Feen in Liedform weiter. Sie sogen die Antworten sichtbar aus den Trommelklängen, mit denen sie einen Dialog zu führen schienen, und tanzten bis zum Umfallen.
Die königlichen Herrscher nutzten aber nicht nur ihre Gabe der Weissagung, sondern riefen sie auch zu Hilfe, wenn es galt, menschenfressender Hexen und Dämonen habhaft zu werden.
Es gab in Hunza zwei berühmte *Bitaiyo,* Shon Gukur und Huke Mamo. Shon Gukur nutzte seine guten Kontakte zu den Feen weitgehend aus – Feen bedienten sich der Schamanen als Sprachrohr – und stahl ihnen Traube und Gerste, um sie den Menschen zugänglich zu machen. Bei seiner Rückkehr aus dem Feenland zog er sich eine Augenverletzung zu, die auch als Bestrafung durch die Feen gedeutet wird. Ihr verdankt er seinen Namen: Shon Gukur, das blinde Hündchen.
Noch heute lebt ein gefürchteter *Bitan* in Buroonshal, dem nachgesagt wird, daß er vor ungefähr 25 Jahren einen Erdrutsch heraufbeschworen habe. Als er sich mit anderen Bauern in der Nähe der Bululo-Quelle befand, blickten sie auf das Nagertal und sahen gegenüber von Murtazabad einen mächtigen Wasserfall herabstürzen. Da ihre eigene Quelle nur wenig ergiebig ist, verwünschte Shapajo den Wasserreichtum der Nagerkutz, woraufhin der Berg zu schwanken begann und die losgelösten Erdmassen ganze Siedlungen sowie Ländereien unter sich begruben.

Herrscher und Heilige

Die Könige Hunzas – *Tham* oder *Mir* genannt – betrachteten sich als aus göttlichen Sphären herabgestiegen, was sie in ihrem Dynastienamen *Aiyesho* (Die Himmlischen) zum Ausdruck brachten. Die dahinterstehende Vorstellung von der Himmelsherkunft der Könige diente in erster Linie dazu, die Feinde in den benachbarten Talschaften einzuschüchtern.

Unabhängig davon galten die Könige als enge Vertraute überirdischer Wesen. Man sprach ihnen Wundertaten zu und überließ ihnen die Initiationsriten bei sakralen Handlungen.

Eine Schutzfee namens Yudeeni wachte eigens über die *Aiyesho*-Dynastie. Nach ihr wurden die auf den Dächern der Königspaläste von Hunza, Nager und Gilgit befindlichen Trommeln benannt. Es geschah, daß diese Yudeeni-Trommeln ohne fremdes Zutun erschallten, was als Ankündigung eines besonderen Ereignisses durch die Hand der Schutzfee gedeutet wurde.

Guter Kontakt zur Feenwelt spielte eine große Rolle bei der Wahl eines Königs, und seine Fähigkeit als Regenmacher war für die Fruchtbarkeit des Landes unerläßlich.

Die Wundertaten von Heiligen, die wir in den Märchen beschrieben finden, sind heute noch sehr lebendig. Die ihnen zu Ehren errichteten Schreine werden auch von Pilgern aus entfernt liegenden Regionen besucht.

Die Heiligen zeigten vielfach Eigenschaften von überirdischen Wesen: Sie konnten das Wetter beeinflussen und Schlammlawinen sowie Überschwemmungen schicken, um auf diese Weise zu belohnen und zu bestrafen. Sie befreiten lebensnotwendige Wasserquellen von wütenden Dämonen und ritten auf Wunderpferden.

Ihre Gräber befinden sich bei bestimmten Wacholderbäumen oder Quellen und sind mit Steinbockgehörnen und Fahnen geschmückt.

Baba Ghundis Schrein im Chupursan-Tal ist einer der bedeutendsten Hunzas und wird vor allem im Herbst von Pilgern aus der gesamten Umgebung aufgesucht. Sie bitten dort um die Erfüllung ihrer Wünsche – vorwiegend um Kinderreichtum – und bringen Almosen und Tieropfer dar. Der von Tham Muhammed Nazim Khan eingesetzte Aufseher reiste mit Heilerde von diesem Schrein durch ganz Hunza.
Heiligtümer entstanden immer dort, wo sich entweder das Grab eines Heiligen befand oder Felsabdrücke von seinen Händen und Füßen bzw. dem Huf oder Sattel seines Pferdes zu sehen waren. Auch an den Orten, wo Heilige zum erstenmal in Erscheinung traten, befinden sich Schreine, wie es in der Geschichte von Shams-i Din nachzulesen ist.

Vegetationsriten

Eine enge Beziehung zwischen der Fruchtbarkeit des Oasenlandes und den Überlebensmöglichkeiten der Hunzukutz spiegelt sich in der Ahnengeschichte und in der Rangfolge einzelner Stämme. In der Ausrottungsmythe erfahren wir von den Nachfahren der ersten Talbewohner, den Diramiting. Ihr Stammvater Diram Churam hatte sich in Baltit angesiedelt.
Seit einiger Zeit besitzen die Diramiting eine Vorrangstellung bei der Ausführung von rituellen und weltlichen Aufgaben. Der König mußte nach der Vernichtung der Tapkients auf ihre charismatischen Kräfte zurückgreifen, als die Fruchtbarkeit des Ackerbodens nachließ und Hunza jahrelang von Hungersnöten heimgesucht wurde. Die um Rat gebetenen Schamanen teilten in ihren Gesängen mit, daß nur ein Abkömmling der Tapkients Abhilfe schaffen könne. Erst als Diram Churam gefunden wurde und die Getreideaussaat vornahm, gesundete das Korn wieder.
Die Könige von Hunza sind seither auf die Mithilfe der Ureinwohner – vor allem bei sakralen Handlungen – ange-

wiesen. Sie spielten eine wichtige Rolle bei den Festlichkeiten, die in Hunza am Gerstenanbauzyklus und Agrarkalender Baltits ausgerichtet wurden. Eines dieser Feste wird in der Geschichte von Puno und Shiri Berai Baghertham angesprochen.

Mit Bopfau, dem Aussaatfest, beginnt Anfang Februar die Frühlingsfeldbestellung. Ein Mitglied der Diramiting, die seit jeher auch den Premierminister *(Wazir)* stellen, war neben dem König Hauptinitiator der Zeremonie. Er wurde dazu auserwählt, das Getreide in der Bopfau-Schale vom Königspalast zum *Mamutsa* (Lamm)-Feld zu bringen. Nach ihrer Ankunft in Altit, wo die Zeremonie stattfand, warf der König Gerstenkörner in die Luft, die mit Goldstaub vermengt waren, und leitete das Pflügen ein, das von seinem Sohn und dem *Wazir* fortgeführt wurde.

Zur Geschichte und Gesellschaftsordnung

Die Genealogie der Könige Hunzas läßt sich bis in das 12. Jahrhundert zurückverfolgen. Zu diesem Zeitpunkt setzte König Trakhan von Gilgit seine Neffen Girkis und Maglot in Hunza und Nager als Herrscher ein. Sie waren Söhne des Lali Tham, der in der Kisersage von Kiser aus Hunza verdrängt wurde. Das deutet darauf hin, daß Hunza wahrscheinlich schon früher unter dem politischen Einfluß von Gilgits Herrscherhaus gestanden hat. Durch seine zentrale Lage begünstigt, versuchte es, seine Macht auf die umliegenden Täler auszudehnen. Die Ureinwohner Hunzas waren die Tapkients in Baltit, die Hamachating in Ganesh und die Usengumuts in Altit. Die autochthone Bevölkerung dieser drei Kernsiedlungen wehrte sich gegen die Machtübernahme der fremden Herrscher, denen sie Tribut zu zahlen hatten. Die Tapkients wurden für ihren Widerstand von Aiyesho Maiyuri, Girkis Sohn, mit dem Tode bestraft, was in der Ausrottungsmythe dargestellt wird.

Das Hunza der *Aiyesho*-Dynastie war vor dem Eingreifen der Engländer 1891 ein politisch unabhängiges Land. Auch wirtschaftlich war es autonom. Seine Überfälle auf Karawanen der Seidenstraße, der Sklavenhandel mit Turkestan und Badakhshan und die Angriffe auf Nachbarterritorium waren berühmt-berüchtigt und ein einträgliches Zubrot.
Besonders Nager auf der gegenüberliegenden Talseite galt als beliebtes Ziel für feindliche Attacken, obwohl die beiden Herrscherhäuser durch Wechselheirat miteinander verbunden waren.
Nach der Ausdehnung der britischen Einflußsphäre behielten die lokalen Herrscher nominell die Macht, aber Sklavenhandel und Kriege wurden unterbunden.
Das Gefühl der Sicherheit, das durch die »Pax Britannica« gegeben war, hatte eine Ausdehnung der Siedlungen zur Folge. Familien zogen vermehrt aus den engen und unhygienischen Dorfburgen zu ihren außerhalb gelegenen Feldern.
Am Ende des indischen Unabhängigkeitskampfes schlugen sich die Talschaften der »Gilgit Agency« eindeutig auf die Seite Pakistans. Trotzdem ist dieses Gebiet bis heute zwischen Indien und Pakistan umstritten, was 1948 und 1965 zu kriegerischen Auseinandersetzungen führte und als ungelöstes Kaschmir-Problem bekannt ist.
Die Stämme Baltits – dazu gehören neben den Diramiting die Buroon, Khurukutz und Barataling – bilden heute immer noch einen integralen Bestandteil der Gesellschaftsstruktur. Angeführt von ihren Stammesoberhäuptern fällen sie Entscheidungen über Kanalbaumaßnahmen, kontrollieren die Verteilung des kostbaren Schmelzwassers, organisieren kollektiv auszuführende Arbeiten (Schulbauten, Kanalreparaturen u. a.) und klären Rechtsstreitigkeiten unter sich.
Traditionell besitzt jeder Stamm eigene Weidegründe. So dürfen im Shishpar-Tal, das in der Sage vom »Schicksal der Tapkients« erwähnt wird, nur Herden der Diramiting grasen, im Muchu-Har ursprünglich nur die der Buroon.

Der *Wazir* hatte als Träger des höchsten Staatsamtes eine bedeutende Funktion inne, die mit der der Ehefrau verglichen wurde, wenn man den König in diesem Zusammenhang als Ehemann betrachtet. Letzterer kümmerte sich um die Staatsgeschäfte, der *Wazir* überwachte den Haushalt. Es gibt auch als Kanalbauer berühmt gewordene *Wazire,* die auf diese Weise die Landerschließung vorantrieben, nachdem die Siedlungen unter der wachsenden Bevölkerung zu expandieren begannen.

Der König war weitgehend auf die Unterstützung aus den Kreisen der Notablen und Dorfältesten angewiesen, da viele Herrscher von Mitgliedern der eigenen Familie gestürzt wurden. Allein im 19. Jahrhundert fielen drei Könige dem Vatermord zum Opfer.

Da auch Thronanwärter häufig schon im Kindesalter umgebracht wurden, gab man männliche Mitglieder *(Gushpur)* der königlichen Familie als Milchkinder bis zu ihrer Verheiratung in einen Haushalt der staatstragenden Oberschicht. Diese Prinzen wurden meist von Angehörigen der Tharakutz-Sippe erzogen, die zum Stamm der Diramiting gehört. Sollte eines ihrer Milchkinder später an die Macht gelangen, betraute es den Pflegevater vorzugsweise mit dem *Wazir*-Amt, da er größeres Vertrauen genoß als königliche Blutsverwandte.

Wichtige Entscheidungen traf der König nur mit dem Einverständnis ihm treu ergebener Würdenträger. Auf diese Weise konnte königliche Willkür unterbunden werden. Nach dem Sieg der Engländer über Hunza im Jahre 1891 wurde dies anders. Die anglo-indische Regierung war an einem starken König interessiert. Daher gelang es dem von ihr eingesetzten Tham Muhammed Nazim Khan, ein größeres Maß an Macht an sich zu ziehen, nachdem sein Vorgänger Safdar Ali Khan (1886–1891) wegen der britischen Invasion nach Sinkiang geflohen war.

Die Bevölkerung von Hunza und Nager zeigte sich jedoch kooperativ. Im Jahre 1895 beteiligten sich zwei ihrer Kompa-

nien am britischen Feldzug gegen das im Westen von Hunza gelegene Fürstentum Chitral im Hindukusch.
Britisch-Indien versuchte außerdem, seinen Einfluß in den Nordgebieten durch die Entsendung eines »Political Agent« nach Gilgit zu sichern. Diese Repräsentanten vertraten Englands Interessen vor Ort von 1877 bis zur Teilung des Indischen Subkontinents im Jahre 1947. Die Berichte dieser britischen Verwaltungsbeamten, zu denen auch D. L. R. Lorimer gehörte, geben einen guten Einblick in Geschichte und Kultur der Karakorum-Täler.

Ismailitische Religion

Erst spät, im Vergleich zu den umliegenden Oasenstädten der Seidenstraße, dem Kernland des Indischen Subkontinents und auch Kaschmir, begann die islamische Missionierung der abgeschiedenen Hochgebirgstäler.
Von Kaschmir breitete sich im 16./17. Jahrhundert der Islam nach Westen aus. Der Legende nach soll die schiitische Glaubensrichtung des Islam durch die Heirat von Aiyesho Khan II. mit einer Prinzessin aus Baltistan nach Hunza gekommen sein.
Zu Beginn des 19. Jahrhunderts setzte dann die Bekehrung zum ismailitischen Glauben ein. König Silum Khan III (1790–1824) lebte fünf Jahre vor seinem Regierungsantritt in Badakhshan im Exil, wo er zu dieser Splittergruppe der Shia übertrat. Als König sorgte er später für ihre Verbreitung in Hunza. Seine Einwohner bekennen sich zu den Ismailiten des nizaritischen Zweiges, von denen der Aga Khan seit 1880 als geistliches Oberhaupt anerkannt wird.
Seine örtlichen Stellvertreter waren die *Pir*, die ursprünglich in Badakhshan, der ismailitischen Hochburg im Norden des Indischen Subkontinentes, residierten und ihre Gemeinden von dort aus betreuten. Sie vermieden es lange Zeit, persönlich in Hunza vorstellig zu werden, da sich dort ein heidni-

scher Kern hielt und die Menschen in ihren Augen ein recht unreligiöses Leben führten (Raubzüge, Alkoholgenuß u. a.). Der *Pir* hatte die Aufgabe, den Zehnten einzuziehen, der dann vom *Tham* an den Aga Khan weitergeleitet wurde. Der Aga Khan ernannte Tham Muhammed Nazim Khan und seine Nachfolger zu seinen Repräsentanten für Zentralasien. In Hunza verrichteten vorwiegend Laienpriester *(Khalifa)* geistliche Ämter, z. B. bei Hochzeiten und Beerdigungen. Sie waren einfache Bauern, die eine religiöse Unterweisung erhalten hatten. Das Amt des Vaters ging auf seinen Sohn über. Jahrelang wirkten die *Khalifa* wie früher die Schamanen als Regenmacher, Omenbefrager, Zauberer und Krankenheiler, was nicht im Einklang mit der ismailitischen Lehre steht und vom Aga Khan und seinen Abgeordneten zu unterbinden versucht wurde. Aber auch heute noch werden *Khalifa* ins Haus gerufen.

In den Zwanziger Jahren begann man, anstelle von Moscheen *Jama'at Khane* zu bauen, Versammlungshäuser der Gemeinde, die heutigen Zentren für religiöse Aktivitäten.

Die sunnitische Lehre, die im 19. Jahrhundert von Swat und Chilas aus verbreitet wurde, erreichte jedoch nur Gilgit; Hunza blieb davon unberührt.

Die überall sichtbaren Neuerungen (Schulen, Krankenstationen, Bewässerungskanäle, Straßen) werden hauptsächlich unter dem Emblem des Aga Khan in Hunza ausgeführt, der als spiritueller Führer heute einen Zugang zu diesem Bergvolk hat, das sich über Jahrhunderte gegen fremde Einflüsse abzuschotten wußte und so eine eigene Tradition bewahren konnte.

1. Der schreiende Esel von Barashal

Sie erzählen, daß es in Barashal einen Walnußbaum gab, in dem eine *Bilas* hauste. Wenn nachts zwei Männer dort vorbeikamen, fraß sie einen von ihnen auf und ließ den anderen gehen.

Auf diese Weise verschlang sie jahrelang eine beträchtliche Anzahl Menschen, bis die Dorfältesten den Befehl ausgaben: »Fällt den Walnußbaum mitsamt seinen Wurzeln!«

Daraufhin versammelten sich alle Bewohner Hunzas und begannen, den Baum mit Äxten zu zerhacken, wobei Blut aus den Kerben floß. Als sie ihn gefällt hatten, kam ein schreiender Esel unter ihm hervor. Er rührte sich nicht von der Stelle, für niemanden.

In jenen Tagen, die lange zurückliegen, gab es einen Mann namens Kulio Laskir. Er war ein für seine Stärke bekannter *Bitan* vom Stamm der Barataling. Man rief ihn und zwei weitere kräftige Männer zu Hilfe.

Ein jeder von ihnen brachte einen dicken Stock mit. Sie sagen, daß Kulio Laskir so auf den Esel einschlug, daß er ihn zwölf Schritte vorantrieb. Und nachdem einer der anderen seinen Knüppel auf ihn niedersausen ließ, bewegte er sich fünf weitere Schritte vorwärts.

Indem sie ihn unablässig prügelten, trieben sie ihn bis zu einem Geröllblock, der Khurias Bun genannt wurde. Dort verschwand der Esel im Gestein.

In Hunza lebten zwei *Bitaiyo*, die vermuteten, daß sich die menschenfressende *Bilas* in diesen Esel verwandelt hatte. Sie

verbannten das Ungeheuer mit einem Zauberspruch in den Felsen, damit es den Bauern kein Leid mehr zufüge.
Danach sagten sie zu den Anwesenden: »Geht beruhigt nach Hause. Erst wenn unsere Kieferknochen nach unserem Tod gänzlich verrottet und zu Staub geworden sind, wird der Bann wieder aufgehoben sein.«
Der eine *Bitan* hieß Huke Mamo, der andere Shon Gukur. Der Name des Esels, so ist überliefert, war Qang Jakun, der schreiende Esel.

Der Weiler Barashal in der Nähe von Karimabad mit Terassenfeldern

2. *Zwei rivalisierende Bitaiyo*

Im Frühling wurden die beiden als Wahrsager berühmten *Bitayo* Shon Gukur und Huke Mamo nach Altit gerufen. Während sie beisammen saßen, erblickten sie eine gescheckte Kuh, die von Baltit kam und unter dem Aquädukt Karagadimuts nach Altit weiterlief.

Die *Bitaiyo* begannen zu wetteifern. Shon Gukur sagte: »Diese Kuh ist trächtig.« »Ja«, bestätigte Huke Mamo, »und da ist ein weißer Fleck auf der Stirn des Kalbs in ihrem Bauch.«

»Du hast unrecht, es ist kein weißer Fleck«, widersprach Shon Gukur, »die Quaste am Ende seines Schwanzes ist weiß und bedeckt sein Gesicht. Deshalb kommt es dir so vor, als ob es eine weiße Blesse habe.« Die beiden konnten sich nicht einig werden.

Einige Tage später kam das Kalb zur Welt. Die Quaste des Schwanzes war weiß und lag bei der Geburt auf seiner Stirn. Was Shon Gukur gesagt hatte, erfüllte sich.

Die Menschen waren voller Verwunderung für ihn.

3. *Dadi von Hindi*

In Hindi erzählt man sich eine Geschichte aus früheren Zeiten, als es dort einen Turm gab, der Jandu Shikari genannt wurde. Einige Männer pflegten des Nachts Wache darin zu halten. Wenn sich zwei dort aufhielten, blieb morgens nur einer von ihnen übrig. Gingen drei hinein, kamen zwei mit dem Leben davon.

Die Bewohner von Hindi, die in jenen Tagen eine kleine Gemeinschaft bildeten, waren beunruhigt. Einige Jahre lang hielten sie ihr Schicksal aus Scham vor den *Thamo* geheim. Aber am Ende erfuhren die Könige davon. Sie schickten den *Bitan* Shon Gukur nach Hindi. Er sah dort, daß eine *Bilas* mit ihren sieben Töchtern den Turm bewohnte. Ihr Name war Dadi; und sie war es, die die wachehaltenden Männer verschlang. Shon Gukur bat alle Einwohner, Gewehre und Schwerter zu schultern und in Kriegsgeschrei auszubrechen. Während er selbst Zauberformeln sprach, gingen sie auf den Turm zu. Bei ihrer Ankunft verließen Dadi und ihre Töchter fluchtartig das Versteck.

Eine Tochter wurde von den anderen getrennt und floh in die Richtung des Hunza-Flusses. Es gab dort einen großen Findlingsblock, in welchem sie sich verbarg. Shon Gukur, der gefolgt war, fixierte sie mit einem Pfahl im Gestein.

Eine andere Tochter entkam zum oberen Fort, wo sie ebenfalls in einem Geröllblock Schutz suchte. Shon Gukur machte sie jedoch ausfindig und nagelte sie genauso fest. Den anderen Töchtern erging es nicht besser.

Dann verfolgten und fingen sie die Mutter, brachten sie zu dem Paß gegenüber dem Hindi-Fort und ließen sie von dort zum Sporn hinaufklettern. An dieser Stelle trieb Shon Gukur einen Eisenpfahl durch sie hindurch, und die *Bilas* klagte: »Ich werde verhungern. Wovon soll ich mich jetzt ernähren?« – »Ich gebe dir zwölf Ziegen, trinke ihr Blut«, antwortete der *Bitan*. »In jedem weiteren Jahr sollst du nicht weniger als sieben Ziegen erhalten. Aber eines mache ich dir zur Auflage: wann immer wir in den Kampf ziehen, mußt du unsere Männer anführen.«

Von diesem Zeitpunkt an opferten sie der Dadi in jedem Jahr die versprochenen Tiere. Mit Gewehren, Schwertern und Geschrei führten sie die Ziegen zum Sporn von Hindi und um den Bannpfahl herum. Und sie sagen, daß er sich drehte, wenn das Blut nach dem Schlachten darüberfloß. Sie nannten diese Zeremonie das *Sheres*-Fest. Unter diesem Namen ist sie heute noch bekannt.[1]

Noch lange war der Eisenpfahl, den Shon Gukur in den Boden getrieben hatte, zu sehen, aber heute ist er verschwunden. Man vermutet, daß er gestohlen wurde. Nur der flache Stein, den er auf den Pfahl legte, ist noch vorhanden.

4. Shon Gukurs Prophezeiung

Es ist überliefert, daß Shon Gukur, der *Bitan,* in früheren Zeiten eine Prophezeiung mit folgendem Wortlaut ausgesprochen hatte: »Nach einigen Jahren wird eine Handvoll Männer mit heller Gesichtsfarbe in kurzen Mänteln erscheinen. Sie werden große Gerechtigkeit walten lassen, und Hunza wird zu Reichtum kommen. Dieses blonde Volk wird gehen, wo es keine Wege gibt. Es wird Eisenbrücken bauen.«
Er sagte weiterhin: »In jener neuen Zeit wird der Mann, der schweigen sollte, sprechen und derjenige, der reden sollte, schweigen.«
Als die Engländer 1891 Hunza eroberten, schienen sich Shon Gukurs Worte zu erfüllen.

5. Der Goldraub des Bulchutoko

Es ist häufig die Rede von einem Mann mit Namen Bulchutoko, der von Gilgit nach Hunza gekommen war. Sie sagen, daß er magische Kräfte besaß und sich in Gerelt niederließ.
Eines Tages machte er sich auf zum Wald von Gantsuper. Als er auf dem Wege dorthin ins Burondo-Tal einbog, war da gerade eine *Dangalatas* damit beschäftigt, Gold in einer Mühle zu mahlen.
Er beschloß, ihr das Wasser abzuschneiden. Dann versteckte er sich in der Nähe der Mühle, die sofort zum Stillstand kam.

---

1. Als Hunza von der britischen Regierung eingenommen worden war und noch Jahre danach war es üblich, das *Sheres*-Fest entsprechend Shon Gukurs Anweisungen zu feiern. Die Leute von Hindi sagten: »Anderenfalls wird die Dadi wieder ihr Unwesen treiben.« *Mir* Muhammed Nazim Khan veranlaßte die Einwohner von Hindi während seiner Regierungszeit, diese Gewohnheit aufzugeben.

Die *Dangalatas* ging hinaus, um den Schaden zu beheben. Draußen sah sie, daß jemand das Wasser umgeleitet hatte. Während sie sich anschickte, den Lauf des Wassers zu ändern, raffte Bulchutoko das Gold in einen Beutel aus Tierhaut und rannte davon. Aber die *Dangalatas* entdeckte den Diebstahl rechtzeitig und verfolgte den flüchtenden Mann. Bulchutoko setzte jedoch seine magischen Kräfte ein und war ihr immer voraus.

Der *Dangalatas,* die ihm auf den Fersen war, gelang es fast, ihn einzuholen, als sie den großen Stein am unteren Ende der Uyum Das (Große Wüste) erreichten. Schnell drehte sich Bulchutoko um und teilte den Felsen mit seinem Schwert in zwei Teile. Das machte der *Dangalatas* Angst. Sie dachte: »Er hat den Stein zerteilt, so wird er auch mich nicht verschonen.« Sie gab die Verfolgung auf und kehrte um. Ihr Name, sagt man, war Meri Duweni.

Sobald Bulchutoko in Gerelt von seinem Goldraub erzählte, erblaßten alle Nachbarn vor Neid: »Bulchutoko hat sich Gold verschafft, und was wird aus uns? Laßt uns auch gehen und unser Glück versuchen«, sprachen sie und machten sich auf den Weg nach Gantsuper.

Als sie bei der Mühle ankamen, mahlte die *Dangalatas* immer noch Gold. Sie erinnerten sich an Bulchutokos List und schnitten ihr wie er das Wasser ab. Die *Dangalatas* kam ihnen aber sofort auf die Schliche. Sie packte sie am Kragen und nahm sie sich einzeln vor: mit umgedrehtem Hals landete ein jeder im Mühlgerinne. Das Wasser spülte sie durch den Abflußkanal hinaus, und sie verwandelten sich in eine Schar Vögel.

Sie erhielten den Namen Gereltum Hera. Bis auf den heutigen Tag tauchen sie auf, wenn die Zeit des Pflügens in Gerelt begonnen hat und lassen sich auf den Felsen nieder oder auf dem Strand am Ufer des Hunza-Flusses.

Man sagt, daß sich Bulchutokos Grab in Shiskin bei Ganesh befindet. Darauf wurden Fahnen gesteckt, und noch immer ist die Einzäunung von früher dort.

6. *Der gute Geist des Weißen Deu*

In früheren Zeiten regierte ein König namens Shahzada Bahram. Er war ein sehr guter und gerechter Herrscher. Seine Untertanen lebten in Frieden und Wohlstand. Er verließ jedoch niemals den Palast und betraute seinen *Wazir* mit seinen Ländereien. Die Bevölkerung hatte ihn schon eine Ewigkeit lang nicht mehr zu Gesicht bekommen.

Eines Tages beschloß ein *Deu:* »Ich werde mir König Shahzada Bahram einmal ansehen«, und er ging zu seinem Palast. Dort bat er um Erlaubnis, in seine Dienste treten zu dürfen. Er hieß Weißer Deu.

Über Jahre hinweg diente er dem König, aber dieser zeigte sich nicht. Der *Deu* zerbrach sich den Kopf, wie er sein Ziel nur erreichen könnte. Schließlich sprach er zu sich selbst: »Es gibt keine andere Lösung als diese: ich werde in die Haut des *Wazirs* schlüpfen und so vor den König treten.«

In dieser Verkleidung ging er zum Palast, um dem menschenscheuen Herrscher seine Aufwartung zu machen. Die Leibwächter des Königs meldeten, daß sein *Wazir* gekommen sei. Der König ließ ihn eintreten, und der vermeintliche *Wazir* begrüßte ihn. Danach setzte er sich ehrerbietig auf den ihm zustehenden Platz. Der König und der *Wazir* unterhielten sich lange Zeit. Im Laufe des Gesprächs sagte der *Wazir:* »Majestät, Eure Untertanen sind sehr begierig, Euch zu sehen. Wieviele Jahre sind schon vergangen und wieviele von ihnen sind kummervoll gestorben, ohne Euch je erblickt zu haben.«

Nachdem der König diese Worte vernommen hatte, willigte er ein: »Ich freue mich, davon zu erfahren. Morgen werden wir mit meiner ganzen Gefolgschaft auf Falkenjagd gehen. Verkünde, daß sich alle morgen früh rechtzeitig versammeln sollen!«

Daraufhin verabschiedete sich der *Wazir* und gab Befehle an die bedeutenden Männer des Hofes, die Diener und Jäger aus, sich für die Jagd am nächsten Tag bereitzuhalten. Danach streifte er die Haut des *Wazirs* wieder ab.

Nachts ging der *Deu* zum königlichen Jagdrevier. Dort angekommen verwandelte er sich in ein stattliches graues Pferd mit goldenem Sattel und Zaumzeug und wartete den anbrechenden Tag ab.

Am nächsten Morgen begab sich der König wie versprochen auf die Jagd. Die Jäger waren vorausgegangen und entdeckten ein Pferd in der Ebene und Fußspuren eines Menschen. Sie sahen, daß die Spuren zu dem Pferd führten. Deshalb riefen sie in alle Himmelsrichtungen: »Besitzer dieses Pferdes: Wer bist du? Wo bist du?« Aber sie erhielten keine Antwort und erspähten niemanden.

Das verwirrte sie, und sie überlegten, was zu tun sei. Einer von ihnen sagte: »Laßt uns schnell dem König die Neuigkeit mitteilen.« Daraufhin lief er dem König entgegen und berichtete von dem schönen, grauen Pferd, dessen Besitzer nicht aufzufinden war.

Als der König es mit eigenen Augen sah, gefiel es ihm sehr, und er bat den *Wazir*: »Besteige dieses Pferd und führe uns vor, wie gut es sich reiten läßt.« »Oh König«, entgegnete der *Wazir*, »es ziemt sich nicht für mich, dieses Pferd anzurühren. Gott hat es Euch zu Ehren bestimmt.«

Shahzada Bahram stieg von seinem eigenen Pferd ab, sagte »Bismillah« (im Namen Gottes) und befolgte den Wunsch seines *Wazirs*. Beim Reiten fand er, daß es ein wunderbares Tier sei und beschloß, auf ihm zum Palast zurückzukehren. Auf dem Rückweg ließ er das Pferd galoppieren. Es lief sehr schnell und trug ihn immer weiter von seinem *Wazir* und der Gefolgschaft fort, die ganz hinter ihm zurückblieben.

Nach einiger Zeit schüttelte sich das Pferd, verwandelte sich wieder in einen *Deu* und trug den König zum Himmel hinauf.

Er setzte ihn an einem sehr schönen Platz ab und verbeugte sich vor ihm. »Oh Shahzada Bahram«, sprach der *Deu*, »heute können meine Gedanken zur Ruhe kommen. Ich habe dich endlich gesehen! Lange mußte ich auf diesen Augenblick warten. Nun lebe mit mir in Frieden. Ich bin dein Vater

Würdiger Hunzukutz in Festrobe

geworden und du mein Sohn, Ich vermache dir alles, was ich besitze.«

Dann setzte er Shahzada Bahram in seinem Reich als Herrscher ein und ging jeden Morgen zu ihm, um sich nach seinem Wohlergehen zu erkundigen. Dabei pflegten sie sich angenehm zu unterhalten. Auf diese Weise vergingen eine Reihe von Tagen.

Nachdem das Pferd den König durch die Lüfte getragen hatte, konnten sich der *Wazir* und seine Diener sein Verschwinden nicht erklären. Sie dachten: »Ohne Zweifel ist er längst zu Hause.« Als sie aber den Palast erreichten, mußten sie feststellen, daß weder der König noch das Pferd angekommen waren. Alle ihre Erkundigungen blieben ergebnislos. So begannen sie, nach ihm zu suchen. Aber auch hierbei war ihnen kein Erfolg beschieden.

Einige Tage lang verbrachten sie in großer Trauer. Schließlich machten sie den rechtmäßigen *Wazir* zum König, der von da an die Regierungsgeschäfte leitete.

Shahzada Bahram und der *Deu* hielten sich währenddessen in einem Gemach seiner Residenz auf, als der *Deu* einen Brief von seinem Bruder erhielt mit der Einladung zur Hochzeit seines Neffen. Der Weiße Deu erzählte Shahzada Bahram davon und fügte hinzu: »Oh mein Sohn! Ich werde morgen abreisen. Gehe du, solange bis ich wiederkomme, mit den *Periting* in meinen Gärten spazieren. Sie werden dir alle Sehenswürdigkeiten zeigen.« Shahzada Bahram war einverstanden, und der *Deu* verabschiedete sich von ihm.

Shahzada Bahram ließ sich von den *Periting* herumführen. Zuvor hatte der *Deu* sie gewarnt: »Zeigt ihm alles, aber öffnet nicht die Tür zu dem Garten mit dem Teich in der Mitte. Behandelt ihn gut. Sollte er sich über euch beklagen, werde ich euch umbringen.«

Am nächsten Tag ging Shahzada Bahram spazieren und kam zu der Pforte des besagten Gartens. Sie war verschlossen, und er bat seine Begleiterinnen, hineingehen zu dürfen. Die *Periting* hielten sich an das Verbot des *Deu*. Dieser hatte den Garten für eine *Peri* anlegen lassen, in die er verliebt war. Sie hieß Shahri Banu. Aber es war ihm bisher noch nicht gelungen, sie ganz zu erobern.

Shahzada Bahram war über die verschlossene Gartentür sehr verärgert und sagte: »Öffnet den Garten für mich! Wenn ihr es nicht tut, werde ich mich umbringen.«

Die *Periting* bekamen Angst. »Tötet er sich«, sagten sie, »wird uns der *Deu* zur Verantwortung ziehen. Das kann uns unser Leben kosten. Daher laßt uns die Tür des Gartens aufschließen.«

Shahzada Bahram ging hinein und sah einen wunderschön angelegten Garten vor sich. Um den Teich herum standen Trauerweiden und viele Sitzgelegenheiten. Nachdem er sich alles angeschaut hatte, kehrte er zum Haus des *Deu* zurück. Am folgenden Tag besuchte er erneut den Garten. Er wollte herausfinden, was es damit auf sich hatte. So grub er sich an einem geschützten Platz ein Versteck.

Nachdem er eine Weile ausgeharrt hatte, ließen sich sieben Tauben auf der Trauerweide nieder, und eine von ihnen rief: »Laßt uns gleich im Teich baden, denn später, wenn Shahri Banu gekommen ist, wird für uns kein Platz mehr sein.«

Doch im selben Augenblick wurde Shahri Banu unter lautem Flügelschlagen in ihrer Sänfte vom Himmel herabgebracht. Ihre *Periting* setzten sie ab, und Shahri Banu forderte sie auf, den Garten gründlich zu durchsuchen: »Seht euch um, es riecht nach Mensch.« Aber sie konnten nichts entdecken.

Daraufhin entkleideten sich Shahri Banu und ihre Gespielinnen für ein Bad. Dadurch bot sich für Shahzada Bahram eine günstige Gelegenheit, sie einzufangen, denn er hatte sich vom ersten Augenblick an in sie verliebt.

Er machte ein Feuer aus Kuhdung, entwendete Shahri Banus Kleider und hielt sie in den Rauch. Alle anderen *Periting* flogen davon, nur Shahri Banu blieb im Teich zurück.

Sie flehte ihn an: »Wer auch immer du bist, gib mir um Gottes Willen meine Kleider zurück.« Shahzada Bahram reagierte nicht auf ihre Bitte. Sie hob erneut an: »Gib sie mir als mein Vater.« – »Ich bin nicht dein Erzeuger«, antwortete er. »Gib sie mir als mein Bruder.« – »Ich bin nicht deines Vaters Sohn«, entgegnete er. »Gib sie mir als mein Onkel«, versuchte sie nochmals, ihn umzustimmen. »Ich bin nicht der Bruder deiner Mutter«, erwiderte er.

Zum Schluß sah sie nur noch eine Möglichkeit, ihn zu überreden: »Gib sie mir als mein Ehemann«, und sofort willigte er ein. Er gab ihr die Kleider zurück, nachdem er sie abermals im Kuhdung-Rauch verunreinigt hatte. Dadurch war sie nicht mehr in der Lage zu fliegen. So nahm er sie bei der Hand und führte sie zu seinem Haus. Dort erfreuten sie sich an ihrer jungen Liebe.

Bald darauf kehrte der Weiße Deu von der Hochzeitsfeier zurück. Sogleich ging er zu Shahzada Bahram, um ihm seine Aufwartung zu machen. Dieser hatte Shahri Banu vor dem *Deu* versteckt, der ihn freudig begrüßte und nach seinem Befinden fragte.

Shahzada Bahram tat, als sei nichts geschehen. An diesem Tag bemerkte der *Deu* nichts von ihrem Verhältnis. Am nächsten Tag kam er wieder, um sich ihm zu empfehlen. Shahzada Bahram hatte offensichtlich großen Kummer. Der *Deu* fragte: »Warum bist du so traurig?«

Shahzada Bahram gestand zögernd die Wahrheit. Er erzählte ihm, mit welcher List er Shahri Banu für sich gewonnen hatte und daß sie im Haus versteckt sei. »Oh *Deu*«, sagte er am Schluß seines Berichtes, »nun fürchte ich, daß du mich verschlingen wirst als Strafe für ihre Entführung.«

Der *Deu* geriet außer sich vor Wut. Er betrachtete Shahri Banu als seine Geliebte. Um sie zu gewinnen, hatte er diesen schönen Garten gepflanzt. Da er aber auch Shahzada Bahram sehr gerne hatte, unterdrückte er seinen Zorn und bat ihn, sie hervorzuholen.

Shahzada Bahram nahm sie bei der Hand, und der *Deu* las die Hochzeitspredigt für sie. Dann sagte er gnädig zu ihnen: »Du bist mein Sohn geworden, Shahzada Bahram, und du meine Tochter, Shahri Banu. Lebt hier in Frieden. Aber eine Bedingung stelle ich. Früher ging ich immer zu Shahzada Bahram, um ihm meine Reverenz zu erweisen. Von nun an sollt ihr beide täglich zu mir kommen. Ich hätte Shahri Banu selbst gerne geheiratet, aber du bist mir zuvorgekommen.«

So blieben sie dort wohnen und statteten dem Weißen Deu jeden Tag einen Besuch ab.

Eines Nachts hatte Shahzada Bahram einen Traum. Er befand sich in seinem eigenen Land. Als er in den Palast zurückkehrte, mußte er erfahren, daß es seiner Frau und seinen Söhnen sehr schlecht ging. Der *Wazir* hatte in der Zwischenzeit alle Macht an sich gerissen und die Königin zur Wasserträgerin erniedrigt.

Bei diesem Anblick erwachte Shahzada Bahram aus dem Schlaf und lamentierte laut. Shahri Banu fragte ihn: »Was ist dir widerfahren?« Er weinte und erzählte ihr seinen Traum. »Oh Shahzada Bahram«, sagte sie, »wenn du in dein Land zurückkehren möchtest, warum bittest du nicht den Weißen Deu um Erlaubnis. Er wird nichts dagegen haben, weil du ihn enttäuscht hast.«

Sie gingen zu ihm. Shahzada Bahram erzählte ihm von seinen Sorgen um seine Familie. Der Weiße Deu erlaubte ihm, der Angelegenheit auf den Grund zu gehen.

Bevor sie aufbrachen, sagte Shahri Banu zu Shahzada Bahram: »Frage den *Deu* besser nach dem Weg, weil so lange Zeit vergangen ist, seitdem du ihn zuletzt gegangen bist.« »Shahri Banu kennt die Straße zur Welt viel genauer als ich, sie wird dich führen«, erwiderte der *Deu*. Shahzada Bahram bedankte sich und bereitete die Abreise vor.

Abermals wandte er sich an seinen Gönner, da Shahri Banu ihn an einen Talisman erinnerte. Der *Deu* gab ihm ein paar Haare aus seiner Achselhöhle und sagte: »Wann immer du in Schwierigkeiten gerätst, wirf sie ins Feuer. Dann werde ich erscheinen.«

Shahzada Bahram und Shahri Banu machten sich auf den Heimweg. Der *Deu* hatte ihnen große Schätze mitgegeben. Nach einer Stunde erreichten sie die Grenze seines Reiches.

Hier befand sich das Haus eines alten Mannes, der heraustrat, als sie auf seine Tür zugingen. Er erblickte einen hübschen Jüngling in der Begleitung einer bildschönen Frau. Der alte Mann erkannte in Shahzada Bahram sein Pflegekind wieder und begann zu weinen. Voller Freude bat er das Paar in sein Haus und erwies ihnen große Ehre. Sie blieben dort einige Tage lang, und Shahzada Bahram ging regelmäßig zur Jagd. Da begab sich, daß der *Tham* des Landes, der Shahzadas Nachfolge angetreten hatte, einen Ausflug in diese Region machte. Shahri Banu saß am Fenster, als der König vorbeiritt. Ein helles Licht schien ihm ins Gesicht. Er schaute hinauf und sah eine Dame von wunderbarer Schönheit. Der *Tham* verliebte sich sofort in sie, stieg ab und sagte zu seinen Männern: »Geht! Wer auch immer diese Frau sein mag, ich möchte sie heiraten.«

Zwei Männer gingen hinein. Als sie Shari Banu ins Antlitz sahen, wurden sie ohnmächtig.

Der *Tham* und sein Gefolge warteten draußen eine lange Zeit auf Nachricht. Wieder sandte der König zwei Männer hinein. Sie brachten die Antwort: »Dort ist eine überaus schöne Frau«, und erhielten den Auftrag, ihr den Heiratsantrag des *Tham* zu überbringen. »Ich habe einen Ehemann, wie soll ich ihm das erklären?«

Der König gab sich mit dieser Antwort nicht zufrieden und schickte abermals Boten zu ihr. »Holt sie mit Gewalt«, befahl er ihnen, »und ich werde sie mit zu meinem Palast nehmen.«

Sie gingen und bedrängten Shahri Banu. »Mein Ehemann hat den Schlüssel für meinen Koffer«, sagte sie. »Wenn ihr in der Lage seid, Kleider für mich aus der Kiste zu holen, werde ich sie anziehen und den König heiraten.«

»Wenn der Schlüssel nicht aufzufinden ist, dann zerschlagt die Truhe mit einem Stein«, ordnete dieser an. Sie waren gerade dabei, Gewalt anzuwenden, als Shahri Banu rief: »Wartet, ich habe den Schlüssel.« Sie hatte gemerkt, daß der König nicht von seinem Vorhaben abzubringen war. Sie öffnete die Truhe, nahm magische Kleider heraus und stieg damit aufs Dach. Von dort rief sie mit lauter Stimme: »Oh alter Mann, wenn Shahzada Bahram kommt, sage ihm, daß ich vor dem *Wazir* nach Shahr-i-Shaskin geflüchtet bin.« Danach nahm sie Erde in ihre Hand, schleuderte sie dem Aufdringling ins Gesicht und flog davon.

Der alte Mann rannte sofort zu dem Platz, wo Shahzada Bahram ins Jagen vertieft war. Er rief ihm von weitem zu: »Oh mein Sohn, komme schnell! Der *Wazir* hat Shahri Banu in die Flucht getrieben und rückt mit seiner Armee heran, um dich zu töten.«

Auf diese Nachricht hin wurde Shahzada Bahram ohnmächtig. Als er wieder zu Sinnen kam, ließ er den alten Mann noch einmal berichten, was vorgefallen war.

Daraufhin entzündete er ein Feuer und warf die Haare des *Deu* hinein, dessen Stimme er sogleich vernahm: »Was kann ich für dich tun?« Als er von seiner prekären Lage erfuhr, riet er ihm: »Fordere die Armee auf, sich für dich oder den *Wazir* zu entscheiden.«

Mittlerweile war dessen Armee bei ihm eingetroffen. Shahzada Bahram gab die Worte des *Deu* an die Krieger weiter, und fast alle schlossen sich ihm an. Nur wenige Männer blieben beim *Wazir.* Sie wurden von dem Weißen Deu verschlungen.

Dann setzte Shahzada Bahram den *Wazir* ab und übertrug dem alten Mann, seinem Pflegevater, das Amt des *Tham*. Er selbst wollte Shahri Banu folgen. Deshalb schärfte er seinen Untertanen ein: »Gehorcht den Befehlen meines Pflegevaters bis ich wiederkomme. Es wird nicht lange dauern«, und verabschiedete sich von ihnen.

Dann ging er zu dem Weißen Deu und bat ihn, ihm den Weg nach Shahr-i-Shaskin zu zeigen. Der konnte ihm nicht helfen und versammelte alle *Deumuts,* um sie um Rat zu fragen. Auch sie kannten den Weg dorthin nicht. Ein *Deu* stand jedoch auf und erzählte von einem sehr alten *Deu,* der es wissen müsse. Sie holten ihn schnell herbei, und er erinnerte sich: »Ja, ich kenne ihn. Ich half meinem Vater als Ziegenhirte und begleitete ihn zu diesem Berg«, und er zeigte mit seinen Fingern darauf.

Eine Anzahl *Deumuts* nahmen den alten *Deu* und Shahzada Bahram mit sich und trugen sie zu dem Berg, wo sich Shahri Banu befinden sollte. Der Weiße Deu hatte Shahzada Bahram einen Stock gegeben, einer seiner Brüder schenkte ihm eine Mütze und ein dritter ein Paar Sandalen. Wenn er die Mütze aufsetze, würde ihn niemand sehen können. Mit den Sandalen könne er jede schwierige Straße und jedes Dickicht überwinden, und der Stock sollte ihn in die Lage versetzen, jedem Feind gewachsen zu sein.

Er nahm alle drei Dinge mit sich auf seinem Weg nach Shahr-i-Shaskin. Dort traf er zunächst auf einen Jungen und ein Mädchen, die Ziegen hüteten. Sie hatten zwei Brotlaibe als Wegzehrung dabei.

Shahzada Bahram zog seine Mütze der Unsichtbarkeit an, näherte sich ihnen und setzte sich neben sie. Der Junge forderte das Mädchen auf, von dem Brot zu essen. Sie antwortete: »Ich habe heute keinen Appetit. Ein König ist mit seiner Armee gekommen, um meine Schwester zu heiraten. Aber Shahri Banu weigert sich, da sie mit einem *Tham* verheiratet ist, der Shahzada Bahram heißt.«

Als er diese Worte vernahm, war Shahzada Bahram überglücklich, daß er sie gefunden hatte. Er blieb für den Jungen und das Mädchen unsichtbar und aß ihr ganzes Brot auf. Sie waren darüber sehr verwirrt und einer beschuldigte den anderen, heimlich davon gegessen zu haben. Während sie sich stritten, trieben sie ihre Ziegen heimwärts.

Shahzada Bahram ging hinter ihnen her. Sie kamen zum Palast des Königs, und das Mädchen verschwand darin. Er folgte ihr und sah Shahri Banu dort mit ihrer Mutter sitzen. Sie sagte: »Um Gottes Willen, heirate den König, der zu dir kam und verkündete: ›Dein Vater hat mich geschickt.‹« – »Oh Mutter«, erwiderte Shahri Banu: »Ich werde Shahzada Bahram nicht aufgeben und einen anderen heiraten. Es gibt keinen zweiten wie diesen auf der ganzen Welt.« Die Königin

fragte: »Wo immer er auch sein möge, warum kommt er nicht?«
Daraufhin verschob Shahzada Bahram seine Mütze ein wenig, und sie sahen sein Gesicht leuchten. Bei diesem Anblick wurde Shahri Banu ohnmächtig. Als sie wieder zu sich kam, zeigte er sich ganz. Shahri Banu und ihre Mutter waren beide erleichtert, daß er im richtigen Moment gekommen war.
Seine Schwiegermutter sagte: »Nimm Shahri Banu schnell mit dir fort und rettet euer Leben.« Aber Shahzada Bahram protestierte: »Ich werde mich nicht heimlich davonstehlen, ohne mit der Armee des Königs gekämpft zu haben. Bringt mir etwas zu essen, damit ich mich stärken kann. Dann werde ich mich dem König stellen, der sich verschanzt hat.«
Nachdem er seinen Hunger gestillt hatte, nahm er den Stock in die Hand, setzte die Mütze auf und zog die neuen Schuhe an. Dann brach er in Kriegsgeschrei aus und griff den König an. Er bekämpfte die Armee mit seinem Stock. Er sah sie, aber sie sahen ihn nicht. Daher fochten sie untereinander und vernichteten sich gegenseitig. Nach seinem Sieg eilte er zum Haus seines Schwiegervaters.
Der war höchst erfreut. Er ließ ihn ein Bad nehmen, neue Kleidung anziehen und holte dann Shahri Banu, um sie zu ihrem Ehemann zu beglückwünschen. Sie blieben ein paar Tage dort, baten dann aber um Erlaubnis, in ihr eigenes Land zurückzukehren. Der König gab ihnen viele Geschenke und ließ sie ziehen.
Als sie in ihrem Reich ankamen, wurden sie jubelnd empfangen. Sie bezogen den Palast, und der alte Mann, Shahzada Bahrams Pflegevater, wurde unter ihm *Wazir*. Und sie regierten in Frieden und Eintracht bis an ihr Lebensende.

7. *Bahram Gushpurs Flucht vor der Gilgit Yachini*

Es wird erzählt, daß Bahram Gushpur in früheren Zeiten das Kargha-Tal herunterkam und in der Nähe der Yachini eintraf. Als sie Bahram sah, schloß sie ihn sofort in ihr Herz. Er wurde dagegen bei ihrem Anblick in Angst und Schrecken versetzt und fürchtete um sein Leben.

Am Abend strich die Yachini einige Pfund Kuhdung auf ihr Gesicht und zerrieb Holzkohle, um sie als Antimon auf ihre Augen aufzutragen. »Bahram wird mit mir zufrieden sein«, dachte sie und suchte seine Bestätigung: »Oh Bahram, gefalle ich dir so?« Er antwortete aus Angst: »Du hast dich in eine Schönheit verwandelt.«

Später mußte er die Nacht mit ihr verbringen, aber konnte kein Auge zutun, so zitterte er und ängstigte sich, daß sie ihn verschlingen würde. Dann furzte die Yachini im Schlaf, und Bahram wurde von dem Luftdruck durchs Rauchloch des Hauses hinausgetrieben und landete auf dem Boden im Freien.

Er pries Gott und dankte ihm: »Du hast mich vor großem Unglück bewahrt.« Dann flüchtete er. Man erzählt, daß er den Weg nach Astor einschlug.

Als die Yachini am nächsten Morgen aufstand und sah, daß Bahram verschwunden war, grämte sie sich sehr und schlug sich voller Verzweiflung an die Brust.

8. *Der Bann der Gilgit Yachini*

Sie erzählen von einem *Bitan* namens Bato, daß er zur Zeit der Yachini nach Gilgit gekommen war. Er wollte seine Bewohner von dem menschenfressenden Ungeheuer befreien. Um sie zu töten, benutzte er folgende List: »Dein Vater ist gestorben«, sagte er zur Begrüßung. Daraufhin

schlug die Yachini eine Hand entsetzt an die Brust, und Bato trieb einen Eisenpfahl hindurch, bis er das Herz traf.
Abermals erschreckte er sie mit der Nachricht: »Deine Mutter ist verunglückt.« Sie legte die andere Hand an ihr Bein, das Bato ebenfalls mit einem Eisenpfahl festnagelte. Die Gilgit Yachini wurde anschließend zu Stein.
Nachdem er sie auf diese Weise unschädlich gemacht hatte, sagte er zu den Zuschauern: »Wenn ich sterbe, bringt mich hierher und begrabt mich direkt unter der Yachini. Nur so könnt ihr sicher sein, daß sie nie wieder zum Leben erwacht.«
Die Einwohner Karghas befürchteten jedoch, Bato in der Stunde seines Todes nicht ausfindig machen zu können. Um kein Risiko einzugehen, beschlossen sie, ihn sofort an Ort und Stelle zu töten.
Damit der versprochene Schutz wirksam werde, begruben sie ihn danach zu Füßen der Yachini.
Noch heute gibt es Nachfahren dieses *Bitan* Bato mit demselben Familiennamen in Narbez und Yasin.

9. Von dem Mann, der mit den Pfutongo zu Abend aß

Eines Tages hatte ein Mann seine Herde zum Grasen auf die Berghänge getrieben. Als er abends zurückkehren wollte, vermißte er eine seiner Ziegen. Über der Suche nach ihr brach die Nacht herein, und er gab die Hoffnung auf, sie je wiederzufinden.
So machte er sich auf den Heimweg, und als er beim Buri Bun (Silberner Stein) ankam, sah er *Pfutongo* im Kerzenschein tanzen. Sie feierten eine Hochzeit, und er gesellte sich zu ihnen. Nach dem Tanz teilten sie das Hochzeitsmahl mit ihm und sammelten anschließend alle Knochen ein. Aber es fehlte eine Rippe. Diese hatte der Mann vor ihnen versteckt.
Sie schnitzten dafür eine Rippe aus Holz, warfen sie mit den Knochen in einen Beutel aus Ziegenhaut, und nachdem sie

ihn kräftig geschüttelt hatten, wurde eine leibhaftige Ziege daraus. Der Hirte erkannte, daß seine verschwundene Ziege vor ihm stand. Die *Pfutongo* trieben sie hinaus und gingen zum Haus des Sughuralo Pfut, um das Hochzeitsfest dort weiterzufeiern.
Der Hirte setzte seinen Weg fort. Bei seiner Rückkehr wartete seine Ziege an der Haustür. Als er sie am nächsten Tag schlachtete, fand er den sicheren Beweis dafür, daß die *Pfutongo* ihre Hände im Spiel hatten: Eine Rippe war durch ein Holzstück ersetzt worden.
Außerdem hatte der Mann sich die Tanzmelodie vom Hochzeitsfest eingeprägt, die immer noch *Pfut*-Melodie genannt wird. Man spielt sie bis auf den heutigen Tag.

10. Fakir Alis Geisteraustreibung

Fakir Ali, Sohn des Buli, war als Gesandter nach Gilgit gegangen. Auf seinem Rückweg wurde er von einem Mann angehalten und gefragt: »Befindet sich zufällig ein *Khalifa* in deiner Begleitung? Meine Frau ist seit langem besessen, und ich möchte sie gerne davon befreien lassen.«
»Ich bin selbst ein *Khalifa*, meine Zaubersprüche und Amulette sind bekannt für ihre Wirksamkeit. Wenn ich drei Tage lang inbrünstig bete und Zauberformeln anwende, wird die Besessenheit aufhören. Das garantiere ich dir.«
Er erhielt den Auftrag, nach seiner Rückkehr alles zu versuchen, um die Kranke zu heilen. Am vierten Tag fing er eine Elster, versteckte sie in seinem Ärmel und ging zu dem Mann. »Heute werde ich die bösen Geister austreiben. Wenn deine Frau von einem *Pfut* oder einer *Bilas* besessen ist, so werden sie ihren Körper in der Form einer Katze oder eines Vogels verlassen. In diesem Fall töte das Tier sofort!«
Fakir Ali begann, seine Lippen zu bewegen. Dann drehte er ihnen seinen Rücken zu, ließ die Elster aus seinem Ärmel schlüpfen und rief: »Fange sie! Siehe, der böse Geist ist von

ihr gewichen.« Bevor er noch zu Ende gesprochen hatte, war die Elster durch das Rauchloch entschwunden. Der Mann war erleichtert. Voller Dankbarkeit gab er einen Ochsen als Almosen und bezahlte den *Khalifa* für seine Wundertat. Und wirklich, seine Frau war geheilt worden.

Schamanentanz

11. Die Geschichte von der Ehebrecherin

Folgende Geschichte ist aus alten Zeiten überliefert: Ein Mann hatte seine Frau verloren und heiratete wieder, ohne jedoch glücklich zu sein. Es stellte sich heraus, daß seine zweite Frau ein Verhältnis mit einem anderen Mann unterhielt.

Wenn ihr Liebhaber zu Besuch kam, teilte sie mit ihm all das gute Essen, während ihr Ehemann und dessen Sohn aus erster Ehe mit bitterem Buchweizenkuchen und Gemüse vorliebnehmen mußten. Außerdem machte sie ihrem Stiefsohn das Leben zur Hölle, indem sie ständig an ihm herumnörgelte. Eines Tages, als ihr Mann mit Dreschen beschäftigt war, nutzte sie die Gelegenheit und ließ ihren Liebhaber ins Haus hinein. Sie hatte Grütze für ihn bereitet, aber noch bevor er sie essen konnte, kam ihr Stiefsohn vom Dreschplatz zurück. So blieb ihr nichts anderes übrig, als den heimlichen Gast zu verstecken.

Der Junge sagte verwundert: »Du hast eine gute Grütze gekocht, warum also Buchweizenkuchen und Gemüse essen?«

»Mein Sohn«, erwiderte die Frau, »ich dachte, Öl werde dein Herz stärken, deshalb wollte ich dir dieses Gemüse vorsetzen.« Sie nahm das Essen und ließ den Jungen vor sich hergehen. Ihrem Liebhaber hatte sie noch beim Weggehen zugeflüstert: »Folge uns unauffällig. Ich werde sie dazu bringen, dich zum Mittagessen einzuladen.«

Als sie ihr Mahl auf dem Dreschplatz einnahmen, war der Mann in einem Nachbarfeld zu sehen. Die Frau sagte zu ihrem Ehemann: »Dort steht ein Fremder. Wir sollten unsere Mahlzeit mit ihm teilen.« Bevor der Ehemann fortging, um ihn zu rufen, warnte ihn sein Sohn: »Vater, dort sind bösartige Hunde in der Nähe. Nimm eine Heugabel mit zu deiner Verteidigung.«

Der Vater befolgte seinen Rat. Als der Liebhaber das sah, schwante ihm nichts Gutes. »Vielleicht will er mich töten«, dachte er und rannte um sein Leben. Vater und Sohn aßen die Grütze alleine auf.

Als der Junge am nächsten Tag vom Dreschplatz heimkehrte, sah er, daß die Frau zum einen Pfannkuchen aus *Diram*-Mehl gebacken hatte, zum anderen gab es nichts als Gemüse und bitteren Buchweizenkuchen. Der Junge durchschaute ihr Vorhaben und nahm alles Essen mit zum Dreschplatz. Die Frau begleitete ihn und sagte dort: »Ich werde den Mann, der uns von der Ferne aus zuschaut, zum Essen einladen.«

»Nein«, widersprach der Junge, »ich werde ihn rufen.« Und er nahm eine Heugabel in die Hand und ging auf den Fremden zu. »Hallo, du schamloser Mann. Wir werden gleich essen. Warum versteckst du dich nicht?« Auf diese Weise schlug er ihn in die Flucht.

Am nächsten Tag sprach er: »Mutter, meine Augen schmerzen«, und er blieb zu Hause und bat sie, zum *Boyo* von Thol zu gehen und um seine Heilung zu bitten.

Daraufhin legte seine Mutter einen Klumpen Butter auf ein Tablett und machte sich auf den Weg. Zur gleichen Zeit stahl sich der Junge heimlich davon, überholte sie und setzte sich versteckt unter den *Boyo*-Wacholderbaum.

Bei ihrer Ankunft präsentierte die Frau das Tablett mit folgender Bitte: »Oh Thol-Boyo meines Vaters Stamm, oh Heiliger meiner Mutter Stamm. Dieser Junge, der in meinem Haus lebt, vereitelt mir jedes Vergnügen. Mache ihn blind und lahm!«

Nachdem sie diese Worte gesprochen hatte, antwortete der Junge ungesehen aus den Zweigen des Wacholderbaums heraus: »Möge dein Wunsch in Erfüllung gehen! Aber hole zuerst den grauen Hammel vom Hause deines Vaters, schlachte und brate ihn. Füge Salz hinzu und gib dann deinem Sohn das Fleisch zu essen. Er wird stockblind davon werden.«

Danach ging die Frau zurück. Der Junge eilte auf einem anderen Weg voraus und kam vor ihr zu Hause an. Die Frau tat, wie ihr geraten: Sie bereitete den Hammel zu und gab ihrem Sohn davon zu essen.

Tag für Tag täuschte er vor, schlechter sehen zu können. Abermals bat er seine Mutter, den *Boyo* zu konsultieren. Die Frau nahm wieder Opfergaben mit, und der Junge versteckte sich unter dem Baum. Sie sprach zu dem *Boyo*: »Er ist nahe daran, blind zu werden. Oh Thol-Boyo, beschleunige diesen Prozeß.« Der Junge antwortete: »Hole den Ochsen von deines Vaters Haus, koche und salze ihn und gib ihm davon zu essen. Es wird ihn endgültig blind machen.«

Die Frau schlachtete nach ihrer Rückkehr den Ochsen und setzte ihn dem Jungen vor. Dann brachte sie ihn eines Tages auf das Hausdach, damit er auf die Walnußkerne aufpasse, die dort zum Trocknen ausgebreitet lagen. Sie sagte: »Wenn Krähen oder Elstern kommen, um sie zu stehlen, scheuche sie davon.« – »Gut, ich werde sie vertreiben, soweit es in meinen Kräften steht«, willigte der Junge ein und hielt Wache. Die Frau ließ währenddessen ihren Liebhaber ins Haus, gab ihm zu essen und sagte zum Schluß: »Klettere aufs Dach hinauf und nimm ein paar Walnüsse mit, bevor du gehst.« »Dein Sohn ist dort oben«, entgegnete der Mann, »wie kann ich da hinaufgehen?« – »Keine Angst, er wird dich nicht sehen«, beruhigte ihn die Frau.

Als er nach den Walnußkernen griff, ließ der Junge den schweren Stock auf seinen Kopf niedersausen und rief: »Mutter, komm schnell her, ich habe eine fette Krähe getötet.« – »Was hast du getan! Es war dein Onkel«, schrie die Frau. »Nun werden sie uns bestrafen. Was haben wir da angerichtet!« – »Ich konnte doch nicht erkennen, daß es mein Onkel war. Aber wir können versuchen, ihn aus der Welt zu schaffen.«

Sie brachten den Leichnam zum Fluß. Dort nahm er seine Mutter bei der Hand und schlug vor, daß sie, die den Toten trug, zuerst ins Wasser steigen solle. Nachdem er ihr hineingeholfen hatte, stieß er die Frau zusammen mit dem Leichnam in den Fluß, welcher sie davontrug. Nun war er endlich von den Unbillen seiner Stiefmutter erlöst und lebte von da an mit seinem Vater in Frieden und Eintracht.

KISERSAGE UND URSPRUNG DER STÄMME HUNZAS

12. Die Abenteuer des Kiser

In Lama gab es einen reichen Mann, der im Frühling Weizen an die Leute verteilte, wenn die alljährliche Hungersnot hereinbrach.

Dabei entdeckte er ein kleines Kind im Getreide, nahm es mit nach Hause und zog es mit Hilfe seiner Schwiegertochter auf, die selbst einen Säugling hatte. Sie gaben dem Findelkind den Namen Dungpa Miru.

Als Dungpa Miru das Mannesalter erreichte, wurde er verheiratet. Seine Frau stellte bald darauf fest, daß sie schwanger war, und nach neun Monaten begannen die Wehen, aber kein Kind wurde geboren.

Weitere hundert Tage vergingen, ohne daß sie entbunden werden konnte. Daraufhin suchte ihr Ehemann den Wahrsager auf und klagte: »Meine Frau liegt seit hundert Tagen in Wehen, und sie kann nicht gebären.« – »Sie ist entbunden worden«, sprach der Wahrsager, »gehe beruhigt nach Hause.« Dort sah er mit Entsetzen, daß das Neugeborene den Kopf eines Esels und den Körper eines Menschen hatte. Wiederum wurde seine Frau von Wehen ergriffen, und er ging abermals zum Wahrsager. »Du hattest recht. Aber mein Sohn hat einen Eselskopf und einen Menschenkörper. Welchen Namen soll ich ihm geben?« – »Nenne ihn Aba Dumbu«, erwiderte der Wahrsager. »Kehre zurück. Deine Frau hat ein zweites Kind bekommen.«

Zu Hause mußte Dungpa Miru feststellen, daß ein Junge mit Hundekopf und Menschenkörper zur Welt gekommen war.

Er fragte den Wahrsager wieder nach einem Namen. »Nenne ihn Aba Kitung«, sprach dieser.
Während seiner Abwesenheit war ein drittes Kind geboren worden mit Habichtskopf und Menschenkörper. Dungpa Miru nannte ihn auf Anraten des Wahrsagers Aba Chukhtung. Auf diese Weise bekam seine Frau hundert Söhne, welche die Großfamilie der Kiser bildeten.
Nach ihrer Geburt ging Dungpa Miru zur Jagd. In einem Waldgebiet erspähte er einen Steinbock. Er zielte auf ihn. Dabei kam es ihm vor, als stünden dort plötzlich zwei Tiere. Er setzte das Gewehr ab, um nachzusehen. Aber es war wirklich nur ein Steinbock da. So nahm er ihn erneut aufs Korn, und wieder schienen es zwei zu sein. Dann setzte er all sein Vertrauen in Gott und schoß. Die Kugel traf den Bock, und er begann, ihn auszunehmen und zu häuten. In der Decke bemerkte er dabei zwei Einschüsse, obwohl er nur einmal abgedrückt hatte.
Da traten zwei Männer auf ihn zu, die behaupteten, sie hätten den Steinbock zuerst erlegt. »Aber er fiel vor dir auf die Erde. Gehört er nun uns oder dir? Sprich die Wahrheit.«
»Ihr seid im Recht«, antwortete Dungpa Miru. »Ihr habt ihn zuerst getroffen, aber er fiel in meinem Revier.« Sie zeigten sich anfänglich damit einverstanden, dann sagte jedoch einer von ihnen: »Gib mir das Fleisch und behalte du das Fell.« Dungpa Miru protestierte: »Ihr bekommt weder das Fleisch noch die Haut. Meine Frau ist schwanger und bat mich ausdrücklich um Wildbret.« Der Fremde entgegnete: »Gut, ich werde dir das Fleisch überlassen, aber nur unter einer Bedingung: Gleichgültig ob dir ein Junge oder ein Mädchen geboren wird, vermache mir das Kind.«
Dungpa Miru stimmte zu und fragte ihn nach seiner Herkunft. »Mein Name ist Fasan Karaski, und mein Land heißt Yal Butot.« Er zeigte ihm auch den Weg: »Folge diesem Pfad und komme nach zwölf Monaten zu mir.«
Dungpa Miru brachte daraufhin seiner Frau das versprochene Fleisch, das sie begierig aß. Kurze Zeit später brachte sie einen

kleinen, aber kräftigen Jungen zur Welt. Gleichzeitig gebar sie ein männliches Kalb. Seine Hörner waren aus Gold, ebenso seine Hufe, Mähne, sein Stirnhaar und das Fell. Es wurde Brungkapurdono genannt.
Dungpa Miru machte sich, wie vereinbart, auf den Weg nach Yal Butot. Dort suchte er Fasan Karaski auf, der nach dem Geschlecht des Neugeborenen fragte. »Es ist ein Junge«, sagte Dungpa Miru zögernd, denn er wollte ihn ungern dem Mann aushändigen. »Gibst du ihn mir nun oder nicht?« – »Wenn ich das Einverständnis meiner Landsleute erhalten habe, sollst du ihn bekommen.«
Dungpa Miru kehrte zurück, begab sich mit seinen Söhnen zur Ratsversammlung und legte den Fall dar: »Ich werde ihm anstelle des Jüngsten den Schwächsten geben. Doch zuvor sollen sie ihre Fähigkeiten im Ringkampf unter Beweis stellen. Schaut zu!«
Der Junge, über den der Vertrag abgeschlossen worden war, unterlag in allen Kämpfen. Die Zuschauer waren einer Meinung. Dungpa Miru entschied deshalb: »Ich werde diesen Jungen übergeben, wie es abgemacht war.«
So nahm er ihn mit zum Haus des Mannes und sagte: »Freund, ich habe dir diesen Burschen versprochen.« »Mein Sohn«, sagte Fasan Karaski, »du bist meiner nach unserem Abkommen. Willst du bei mir bleiben?« – »Ja Vater«, antwortete der Junge. Dann wandte er sich an seinen leiblichen Vater: »Gehe du in dein Land zurück und zähle im kommenden Jahr die Monate. Wenn zwölf vergangen sind, steige auf dein Hausdach hinauf, stelle eine Schale neben dich und warte ab. Ich werde mich in eine Regenwolke am Himmel verwandeln und als Regentropfen aus der Wolke in die Schale fallen. Dann gib deiner Lieblingsschwiegertochter das aufgefangene Wasser zu trinken. Auf diese Weise werde ich wiederkommen. Nun gehe nach Hause!«
Dort begann er, die Tage zu zählen. Nachdem zwölf Monate verronnen waren, nahm er die Schale und begab sich aufs Dach. Eine Wolke erschien am Himmel direkt über seinem

Kopf, und Regentropfen fielen in das Gefäß. Diese ließ er die Frau seines Sohnes Aba Dumbu trinken.
Davon wurde die Frau schwanger. Die Wehen setzten erst ein, als der zwölfte Monat vorbei war. Zu diesem Zeitpunkt tönte eine Stimme aus ihrem Innersten: »Da wo die Steinböcke ihre Jungen werfen, dort soll auch ich geboren werden.« Sie stieg hinauf zum Gipfel der Berge. »Hier muß der Ort sein«, dachte sie. Da sie müde war, setzte sie sich nieder und schlief ein.
Im Schlaf spürte sie ihre Wehen erneut, und wieder kam die Stimme aus ihrem Bauch: »Mutter, wo die Fische geboren werden, da werde auch ich zur Welt kommen. Bringe mich dorthin.« Es gelang der Frau nur unter großen Mühen, vom Bergkamm zum Flußbett zu gehen. Dort schlief sie erschöpft ein.
Ihre Wehen und die Stimme kamen wieder: »Dort wo die Pferde ihre Fohlen bekommen, werde ich geboren. Gehe zu ihnen.« So stand sie auf und erreichte die Pferdeställe unter Stöhnen. Bei ihrer Ankunft wurde sie ohnmächtig. Aber die Stimme forderte sie abermals auf: »Bringe mich dort zur Welt, wo die Kühe kalben.«
Bei dem Gehege, in dem die Kühe eingepfercht waren, bat die Stimme sie, zu dem Platz zu gehen, wo die Schafe lammen. Als sie dort angekommen war, rief es wieder: »Mutter, Mutter, ich werde das Licht der Welt in unserem eigenen Haus erblicken.« Nachdem sie der Stimme gefolgt war und alle diese Plätze aufgesucht und nichts ausgelassen hatte, gelangte sie an ihren Ausgangspunkt zurück.
Während sie schlief, schlüpfte das Kind, das zu ihr gesprochen hatte, heraus und saß kauernd auf dem Boden. Dann begannen die Wehen noch einmal, und sie erwachte. Ein weiterer Sohn wurde geboren. Der Erstgeborene nahm ihn in seinen Mund. Die Mutter war zu Tode erschrocken und schrie auf. Daraufhin spuckte der Ältere den Jüngeren sofort wieder aus und rief: »Oh Mutter, mögest du von nun an die Verantwortung für diesen Bruder alleine tragen. Wenn du mich eine

Weile in Ruhe gelassen hättest, wäre sein ganzer Körper zu Eisen geworden. So hat mein Atem seine Achseln nicht erreichen können, und sie sind menschliches Fleisch geblieben. Der Rest seines Körpers besteht aus Eisen, und niemand wird in der Lage sein, ihn zu verletzen. Nur unter seinen Achseln ist er verwundbar.«

Nach der Geburt der Kinder kam ihr Vater und war hoch erfreut, daß seine Frau Zwillinge geboren hatte. Die Mutter säugte sie und zog sie auf. Aber der ältere Junge wurde von Tag zu Tag schwächer und häßlicher, der jüngere zusehends größer und stärker. Die Frau bat ihren Ehemann, ihnen Namen zu geben, und er nannte den Erstgeborenen Pangchu und den zweiten Bumliftaŋ.

Als sie erwachsen geworden waren, beschlossen alle hundert Brüder der Kiserfamilie, ihre Besitztümer zu trennen. Einer der ältesten von ihnen, Aba Kitung, versammelte alle seine Verwandten. Er galt als ein mächtiger Mann mit einem Löwenherz, der niemanden fürchtete.

Er sprach zu ihnen: »Kommt mit, ich werde das Land unter euch aufteilen.« Dann wies er ihnen ihr Erbteil zu. Nur Pangchu erhielt nichts.

Dieser stand auf und sagte: »Oh Aba Kitung, ich bin auch noch da.« »Du hast recht, ich werde dir etwas geben«, und Aba Kitung vermachte ihm den Friedhof. »Ich danke dir«, sprach Pangchu, »dieser Beerdigungsplatz ist besser als alles, was du den anderen gegeben hast.«

Danach fuhr Aba Kitung fort, das Familienvermögen aufzuteilen. Wieder ließ er Pangchu aus. Als er sich deswegen beschwerte, sprach Aba Kitung ihm die Furt des Flusses zu. Pangchu bedankte sich für seinen Anteil, den er für den besten hielt.

Dann vergab Aba Kitung die Häuser unter ihnen, aber Pangchu erhielt erst eine Wohnstätte, nachdem er Widerspruch eingelegt hatte. Eine übelriechende, unbewohnbare Hütte durfte er sein eigen nennen, und er war damit sehr zufrieden.

Es geschah bald darauf, daß ein Mitglied der Kiserfamilie starb. Sie brachten den Leichnam zum Friedhof und begruben ihn dort. Daraufhin öffnete Pangchu das Grab des Verstorbenen und brachte ihn zu seinem Haus zurück, wo er ihn durchs Rauchloch hinunterwarf. Auf diese Weise verweigerte er ihnen die Benutzung des Friedhofs. »Aba Kitung hat ihn mir als meinen Anteil gegeben. Der Platz gehört mir allein«, sagte er zu seinen Verwandten. Es blieb ihnen nichts anderes übrig, als den Leichnam in ihrem eigenen Haus aufzubewahren.

Als Aba Kitung sich aufmachte, um in sein eigenes Land zurückzukehren, hielt Pangchu an der Furt Wache und hinderte ihn daran, sie auf seinem Pferd zu durchqueren. Er sprang auf und schrie: »Was suchst du auf meiner Parzelle?« zog ihn vom Pferd und warf ihn zu Boden. Aba Kitung hatte das Herz eines Löwen. Pangchu nahm es heraus und in seinen Mund. Dann schob er ein Fuchsherz in den Schlund von Aba Kitung hinab. Aba Kitung wurde ganz schwach und von Angst übermannt kehrte er um.

Kurze Zeit später hatte eine Frau der Kiserfamilie ihre Menstruation. Sie schickten sie wie gewohnt zu der schmutzigen, abseits gelegenen Hütte, die sich ebenfalls in Pangchus Besitz befand. Das zeigte er ihnen deutlich. Er schlug die Frau und zerrte sie aus der Hütte heraus. So ließ er sie weder die Furt, noch den Friedhof benutzen und stellte auch die Hütte den menstruierenden Frauen in ihren unreinen Tagen nicht zur Verfügung.

Diese Vorfälle veranlaßten Aba Kitung, alle Verwandten zu versammeln, und er sagte: »Oh Brüder, wir sollten eine neue Aufteilung vornehmen und Pangchu Land, Vermögen und ein Haus geben.« Sie waren damit einverstanden, und Aba Kitung ließ Pangchu die Nachricht überbringen.

»Oh Aba Kitung«, antwortete er, »was ich bisher bekommen habe, ist ausgezeichnet. Habe ich dir das nicht schon vorher gesagt? Was ich besitze, soll mein bleiben.« Und er ließ sich nicht überreden, einer Neuaufteilung zuzustimmen. Deshalb

Baltit-Fort im Winter

schlug Aba Kitung vor: »Ich werde allen zusammen die eine Hälfte und dir allein die andere Hälfte des Erbteils geben. Sei damit zufrieden!« Pangchu willigte ein. Aba Kitung verteilte den Besitz dementsprechend, woraufhin Pangchu den Friedhof, die Furt und die schmutzige Hütte zurückgab und sich auf seinem neuen Land niederließ.

Dann begruben sie den Leichnam, den Pangchu aus dem Grab genommen und durchs Rauchloch geworfen hatte. Die Frauen konnten wieder in der Hütte wohnen, wenn sie unpäßlich waren, und die Furt war für jedermann passierbar. Pangchu lebte derweil glücklich und zufrieden auf dem Grundstück, das endlich sein eigen geworden war.

Die Leute des Landes lachten, wenn sie Pangchu sahen, weil sie ihn für häßlich und dumm hielten. Es begab sich, daß die sieben Töchter des Königs von ihm hörten. Die älteste Tochter, die besonders hübsch war, ließ in rufen. Pangchu war voller Läuse, sie kamen hinten und vorne bei ihm heraus, so schmutzig war er. In diesem Aufzug trat er vor die schöne Langa Brumo und ihre Schwestern. Sie machten sich über ihn lustig.

Pangchu aber verzauberte die Prinzessinnen und brachte sie immer zum Lachen, so daß sie ihn nie wieder von sich gehen ließen. So konnte Pangchu bei den Töchtern des Königs bleiben, die verzückt seinen Vorstellungen zuschauten.

Er war Tag und Nacht bei ihnen und hatte es sich in den Kopf gesetzt, Langa Brumo zur Frau zu nehmen. Aus diesem Grunde sprach er eine Zauberformel, die den König beschließen ließ, seine Töchter zu verheiraten. Das tat er in seinem ganzen Reich kund. Zu seinen Töchtern sprach er: »Ich habe alle Männer im heiratsfähigen Alter eingeladen. Nehmt euch denjenigen zum Ehemann, der euch am besten gefällt.«

Am nächsten Morgen versammelten sich alle Kandidaten, und der König forderte seine Töchter auf, sich umzusehen. Daraufhin befragten sie ihre Herzen, aber Pangchu verzauberte sie. Noch bevor sie eine Entscheidung fällen konnten, wurden sie müde und gingen früh zu Bett.

Während sie schliefen, stand Pangchu auf und ging hinaus. In einem Stall gab es einen Esel, der trächtig war. Er trat ihn und beschleunigte dadurch, daß er sein Junges zur Welt brachte. Dann nahm er das Eselsfohlen so schleimig wie es war mit sich und trug es unter seinem Arm zum Gemach von Langa Brumo, hob ihre seidene Bettdecke hoch und legte es neben sie zum Schlafen.

Als es dämmerte, weckte er ihre Schwestern auf. Dann riß er Langa Brumo aus dem Schlaf, die beim Erwachen das Eselsfohlen neben sich liegen sah. Sie schlug sich entsetzt an die Brust und lamentierte: »Wie konnte das geschehen?« – »Oh Langa Brumo«, sagte Pangchu, »warum wunderst du dich? Hast du es nicht selbst hierher gebracht und neben dich gelegt?« »Oh Pangchu, sage so etwas nicht! Ich habe nichts damit zu tun.« – »Nun«, erwiderte er, »gewiß hat es jemand zu dir ins Bett gesteckt.«

»Das ist ein großes Unglück für mich«, jammerte Langa Brumo. »Erzähle niemandem davon, sonst ist mein guter Ruf ruiniert. Ich nehme es dir sehr übel, wenn du das Geheimnis preisgibst.« »Warum soll ich nicht darüber sprechen? Ich sah es mit meinen eigenen Augen«, schüchterte er sie ein.

»Oh Pangchu«, flehte Langa Brumo ihn an, »erzähle keinem davon, und ich gebe dir, was immer du von mir verlangst.«

»Nun gut«, antwortete er, »wenn du mir eine Bitte erfüllen willst, so wünsche ich mir nichts sehnlicher, als daß du mich heiratest.« Sie willigte ein, und er versprach, das Eselsfohlen zu verstecken und zu schweigen.

Am selben Tag bat der König seine Töchter, einen Ehemann auszuwählen, und sechs von ihnen nannten je einen aus der Gruppe der versammelten Männer. Pangchu war auch auf dem Platz und hielt das Eselsfohlen unter seinem Arm versteckt. Langa Brumo stand auf und dachte: »Ich werde mir einen anderen Mann als Pangchu nehmen«, und sie ging auf den Erwählten zu.

Daraufhin zeigte ihr Pangchu, ohne daß es jemand sehen konnte, das Eselsfohlen. Da wandte sie sich ihm zu, damit er die Geschichte nicht weitererzähle. Die feinen Burschen, die in der Nähe standen, begannen, auf Pangchu einzuschlagen und herrschten ihn an: »Geh aus dem Weg! Sie kam, um einen von uns auszuwählen.« Pangchu verzog sich in eine Ecke.

Der König sah, wie Pangchu geschlagen wurde. »Verprügelt ihn nicht«, sagte er. »Laßt ihn in Ruhe!« Aber als Langa Brumo zu ihm ging und sich neben ihn setzte, war er sehr verärgert darüber, daß sie sich einen so gräßlichen Kerl ausgesucht hatte. Wutentbrannt verließ er die Versammlung.

Langa Brumo heiratete Pangchu, und er nahm sie mit zu sich nach Hause. Aber sie konnte es sich nicht verzeihen, einen so scheußlichen Ehemann zu haben und war sehr unglücklich.

Bald darauf bat der König seine Schwiegersöhne, das goldene Kalb Brungkapurdono zu jagen. Nur Pangchu wurde nicht dazu eingeladen. Die anderen sechs Schwiegersöhne bereiteten sich auf die Jagd vor. Sie nahmen Essen auf die Reise mit, ihr Bettzeug und Gewehre. Pangchu wollte ihnen heimlich folgen. »Oh Pangchu«, sagte Langa Brumo, »wie kannst du in dieser miserablen Verfassung etwas ausrichten? Bleibe hier!« – »Meine Kräfte sind so gering, wie du sagst, aber ich werde trotzdem gehen, nur um mir das Spektakel anzusehen«, antwortete er und brach auf.

Langa Brumo sagte zu ihrer Pflegemutter: »Komm mit und laß uns in der Nähe des Weges ein Versteck suchen, von wo aus wir ihn beobachten können.« Sie überholten ihn und warteten sein Kommen ab.

Kurz danach erschien Pangchu in der Gestalt eines sehr vornehmen Königs. Er sah furchterregend aus und ließ sein Pferd Changi Hirpal über die Steine galoppieren. Die beiden Frauen waren überrascht, und Langa Brumo erfreute sich an seinem Anblick. »Was ist mein Ehemann doch für ein gutaussehender Mensch!« dachte sie, und sie zeigten sich ihm.

Als er sie sah, stieg er von seinem Pferd ab, ließ einen Wirbelwind aus Regen und Staub entstehen und versteckte das Pferd in seinem Ärmel. Dann schlüpfte er in seine häßliche

Haut zurück. Nachdem sich der Wind gelegt hatte, mußten Langa Brumo und ihre Mutter feststellen, daß sie den alten Pangchu vor sich hatten und waren sehr enttäuscht. Ohne sie eines Blickes zu würdigen, ging er an ihnen vorbei.
»Mutter«, sagte Langa Brumo, »laß uns vorausgehen und ihn noch einmal ansehen.« Sie eilten auf einem anderen Weg an ihm vorbei und versteckten sich in einer Wegbiegung. Alsbald kam er auf seinem Pferd in elegantem Stil herangeritten. Er hatte sich wieder in einen König verwandelt. Die Frauen blieben sitzen, ohne sich zu bewegen. Erst als er bei ihnen angelangt war, trat Langa Brumo aus ihrem Versteck heraus und ergriff die Zügel des Pferdes. Pangchu stieg ab und sagte: »Oh Langa Brumo, ich bin dein Ehemann. Gehe nun nach Hause, laß es dir wohlergehen und lebe in Frieden. Ich besitze ein großes Vermögen, daß ich dir zur Verfügung stelle. Gib auch anderen davon ab. Ich werde Brungkapurdono erlegen. Was bilden die anderen sich ein, einer so schwierigen Aufgabe gewachsen zu sein?« Siegessicher bestieg Pangchu sein Pferd Changi Hirpal und ritt von dannen. Die Frauen kehrten um.
Er nahm nicht denselben Weg wie die sechs Schwiegersöhne und überholte sie geschwind. Dann stieg er ab, steckte das Pferd in seinen Ärmel und verwandelte sich wieder in den häßlichen Menschen, den sie kannten. Die Schwiegersöhne sahen ihn vor sich hergehen und sagten zu ihren Dienern: »Dieser Tunichtgut ist uns irgendwie zuvorgekommen. Geht und schaut, was er ißt, womit er sich zudeckt und was er sonst noch mit sich gebracht hat.«
Die Diener versteckten sich und beobachteten ihn aus einiger Entfernung. »Welch gutes Essen er für sich kocht! Er hat schönes kaltes Wasser, bequeme Decken und Matratzen«, stellten sie erstaunt fest. Dann hörten sie, wie er zu sich sprach: »Ich kenne diesen Weg. Er ist mit großen Entbehrungen verbunden. Morgen früh werde ich weitergehen. Unterwegs ist eine Quelle, aus der ich Wasser schöpfen werde, weil es beim nächsten Übernachtungsplatz an Wasser mangelt.«

Die Diener gingen zu den Schwiegersöhnen des Königs und berichteten ihnen von dem, was sie gesehen und erlauscht hatten. Sie beschlossen, ebenfalls einen Wasservorrat aus der Quelle mitzunehmen.
Am nächsten Morgen standen sie auf und machten sich auf den Weg. Bei der Quelle hielten sie an, versorgten sich mit Wasser, jedoch abends am Rastplatz mußten sie feststellen, daß es dort Wasser im Überfluß gab, dafür aber kein einziges Stückchen Feuerholz. Die Schwiegersöhne sagten zu ihren Dienern: »Oh ihr Gesindel! Es ist hier unendlich viel Wasser vorhanden, aber kein Holz. Wie sollen wir unser Essen kochen? Ihr Lumpen, habt ihr Pangchu mißverstanden? Geht und seht nach, was er jetzt treibt!«
Zwei Männer wurden fortgeschickt. Sie sahen, daß Pangchu ausreichend Feuerholz hatte, um sein Essen damit zu kochen. Er sprach wieder mit sich selbst: »Da es hier kein Feuerholz gibt, brachte ich welches vom letzten Rastplatz mit.« Die Diener trugen den Schwiegersöhnen des Königs seine Worte zu. »Was soll aus uns werden«, klagten sie. »Worauf sollen wir unser Brot backen? Geht noch einmal und hört zu, was er sagt.«
Dort vernahmen sie, wie Pangchu laut überlegte: »Morgen früh werde ich weiterziehen und zu einer Quelle kommen, mich an ihr laben und im Wald in ihrer Nähe Holz sammeln, da es abends keines gibt. So kann ich am nächsten Rastplatz Feuer machen, Brot backen und dort genüßlich ausruhen.« Die von den Schwiegersöhnen gesandten Männer kehrten zurück und erzählten ihnen, was Pangchu für den nächsten Tag geplant hatte.
Am nächsten Morgen gingen sie ihres Weges. Als sie zu der Quelle kamen, von der Pangchu gesprochen hatte, erfrischten sie sich und bündelten Holz im nahegelegenen Wald. Abends am Rastplatz konnten sie jedoch keinen Tropfen Wasser entdecken. Dafür gab es Unmengen von Holz. Ihres hatten sie umsonst mitgeschleppt; die Last hätte sie fast erdrückt. »Oh ihr Gauner«, erregten sie sich. »Für einen Ort,

an dem es kein Wasser gibt, ließ er uns Ladungen Holz mitnehmen; zu einem Platz, an dem Wasser vorhanden ist, ließ er uns überflüssiges Wasser tragen. Ihr mißversteht sicherlich, was er sagt. Nun benutzt all euren Verstand und geht, um Pangchu zu beobachten.« Mit diesen Worten schickten sie einige Diener los.

Als sie bei ihm ankamen, war Pangchu schon eingetroffen. Er hatte Wasser dabei, bereitete eine Mahlzeit zu und konnte seinen Durst löschen. Er war guter Dinge und sprach: »Morgen werde ich früh aufstehen und weitergehen, um Brungkapurdono so bald wie möglich aufzuspüren. Unterwegs gibt es wieder eine Quelle, sie ist einzigartig. Wenn man ungegerbtes Fell darin einweicht, wird es weich wie das eigene Ohr. Ich werde Wasser aus dieser Quelle mitnehmen und zur rechten Zeit am Rastplatz sein. Meine Lederfußlappen sind hart geworden. Ich werde sie und meine Stiefel die ganze Nacht über ins Quellwasser legen, damit sie am nächsten Morgen schön geschmeidig sind. Danach werde ich sie anziehen und weitermarschieren.«

Die Diener berichteten den Schwiegersöhnen des Königs davon, und diese beschlossen, es ihm gleichzutun. Am nächsten Tag entnahmen sie der berühmten Quelle Wasser, trugen es mit sich zum abendlichen Rastplatz und ließen Pangchu durch ihre Diener dort beobachten. Sie sahen, wie er nach dem Einweichen seinen Stock aufrecht in den Boden steckte und sein Schuhwerk daran aufhängte. Das Wasser tropfte aus ihnen heraus. Aber in Wirklichkeit war es pures *Ghee* (Butterfett). Sie gingen zu den Schwiegersöhnen, erzählten ihnen von Pangchus Aktivitäten und imitierten ihn.

Noch bevor die Dämmerung hereinbrach, stand Pangchu auf, und er setzte seinen Weg fort in Schuhen, die durchs Öl sehr weich geworden waren. Als die anderen bei Tagesanbruch erwachten, waren ihre Stiefel und Fußlappen hartgefroren. Sie hatten Schwierigkeiten, sie anzuziehen. Es blieb ihnen nichts anderes übrig, als ein Feuer zu entzünden und das Schuhwerk darüber zu erhitzen. Sie wrangen es aus und trockneten es so lange, bis es wieder weich wurde. Aber nun stand die Sonne hoch am Himmel und die Mittagszeit war angebrochen.

In der Zwischenzeit hatte Pangchu Brungkapurdono erreicht. Er rief: »Onkel, Onkel! Meine Mutter hat mich geschickt. Sie sagte: ›Eine Armee ist gekommen. Dein Onkel wird dir helfen können.‹ Nun verstecke mich vor ihr.« »Gut, Sohn meiner Schwester«, sagte das Kalb, »suche in meinem Ohr Zuflucht.« Pangchu kroch hinein. Dann begann er etwas zu essen und machte dabei ein mahlendes Geräusch mit seinen Zähnen. »Neffe«, wunderte sich Brungkapurdono, »was ißt du?« »Oh mein Onkel, meine Mutter hat Kekse aus bitterem Buchweizen für mich gebacken. Die esse ich.«

Das goldene Kalb bat ihn, davon zu kosten, obwohl Pangchu es warnte, daß sie sehr bitter seien. Daraufhin legte Pangchu ihm drei Stück von vergiftetem Brot in sein Maul und bat es: »Onkel, stoße mich mit deinem goldenen Horn auf den gegenüberliegenden Berg. Die Armee zieht gegen dich auf.« Während er auf der Bergspitze landete, machte Brungkapurdono Bocksprünge auf der Wiese, grub seine Hörner in die Weide und wühlte Erdklumpen auf, um seine Feinde einzuschüchtern. Dann machte es das Gift kurzatmig, ihm wurde schwindelig, und es fiel mit einem Schlag hin. Nachdem es gestürzt war, sagte es zu Pangchu: »Komme herunter, in meinem Ohr steckt ein Messer. Ich bin *halal* (rein), schlachte mich.«

Als Pangchu bei ihm war, sagte das goldene Kalb: »Meine Mutter prophezeite mir früher einmal: ›Du wirst durch die Hand Kisers sterben müssen.‹« Sogleich schlachtete er es, zog ihm die Haut ab und nahm seine goldene Mähne, Stirnhaare, Hufe und den goldenen Schwanz mit. Er zerschmetterte auch seine Knochen, holte das Mark heraus und verwahrte es gut. Dann bestieg er Changi Hirpal und ritt davon. Er ließ die Haut auf dem Berge Diamir zurück, und das Haar darauf glänzte im ersten Sonnenschein wie Gold.

Kurz danach erschienen die Schwiegersöhne des Königs an dieser Stelle und sahen die Haut dort liegen. Sie schossen mit ihren Gewehren auf das vermeintliche Kalb und jeder behauptete, es als erster getötet zu haben. Als sie zu dem Fell kamen, rissen sie ihm die Haare aus und steckten sie ein. Sie nahmen auch das Fleisch mit. Anschließend machten sie sich auf den Heimweg.

Zu Hause angekommen, suchten sie als erstes den König auf, der sagte: »Laßt mich sehen, wer das Kalb getötet hat.« Jeder der Schwiegersöhne nahm für sich in Anspruch, es erlegt zu haben, aber sie überzeugten den König nicht. Er wollte es genauer wissen: »Wenn einer von euch Brungkapurdono getötet hat, so werde ich das an seinen Trophäen erkennen. Zeigt sie mir.« Sie zogen die glitzernden Haare aus ihren Taschen heraus. »Schwiegersöhne«, sagte der König, »keiner von euch hat das Kalb erlegt. Ihr lügt. Jemand anderes muß es gewesen sein. Wo sind seine besonderen Kennzeichen: sein goldener Schwanz, die goldenen Hörner und Hufe, seine goldene Mähne und Stirnhaare? Warum sprecht ihr nicht die Wahrheit? Geht, schert euch fort!« Mit diesen Worten warf der König sie zum Palast hinaus.

In der Zwischenzeit war Pangchu nach Hause zurückgekehrt, nicht jedoch ohne vorher in seine alte, häßliche Gestalt zu schlüpfen. Langa Brumo bedrängte ihn: »Oh Pangchu, du sagtest, du wolltest das Kalb töten. Was ist geschehen, daß du es nicht mitgebracht hast?« »Du kennst meine körperliche Verfassung. Was soll ich damit groß anfangen?« erwiderte er. Langa Brumo war sehr verärgert: »Damals als er fortging, sah er äußerst nobel aus«, dachte sie und schwieg betrübt.

»Langa Brumo«, sagte Pangchu, »gib deinem Vater dieses Geschenk von mir.« Er füllte eine halbe Walnußschale mit Brungkapurdonos Mark. »Ich schäme mich«, gestand Langa Brumo. »Wie kann ich ihm so ein kleines Geschenk darbieten?« – »In meinem Zustand mußt du damit vorliebnehmen. Bringe ihm, was ich dir gegeben habe.« Und er schickte sie damit zum König.

Sie setzte sich am Eingang des Königspalastes nieder. Der *Wazir* des Königs kam zu ihr, und sie bat, ihren Vater besuchen zu dürfen. Der gab seine Erlaubnis, und sie begrüßte ihn, indem sie ihm Hände und Füße küßte. Dann setzte sie die halbe Walnußschale vor ihn hin. Der König schabte mit seinem Finger etwas von dem Mark ab, leckte daran und biß sich im selben Augenblick in den Finger. Obwohl er nur sehr wenig davon gekostet hatte, war er berauscht. Er gab das Mark an den *Wazir* weiter, auf den es dieselbe Wirkung hatte. Aber er ließ sich nichts anmerken. Alle Anwesenden probierten das Mark, und alle bissen sich in den Finger. Der letzte Mann gab seiner Verwunderung darüber Ausdruck. Hierauf gestanden alle in der Versammlung, daß es ihnen ebenso ergangen war. Jeder hatte genug davon bekommen, aber das Mark in der Walnußschale war noch längst nicht aufgegessen, was sie sehr erstaunte. Der König bat den *Wazir,* seine Tochter nach dem Inhalt der Walnußschale zu fragen. »*Wazir*«, antwortete sie, »ich habe nichts damit zu tun. Pangchu gab sie mir als Geschenk für den König.« Der König ließ ihn rufen und fragte ihn: »Pangchu, was ist in der Walnußschale, das so außergewöhnlich schmeckt?« – »Oh König, woher sollte ich in meinem Zustand etwas Gutes und Süßes nehmen?« sagte er, zog Brungkapurdonos goldene Trophäen aus seiner Tasche und legte sie vor den König hin. »Pangchu, du warst es, der Brungkapurdono getötet hat!« Obwohl Pangchu widersprach, war sich der König seiner Sache sicher.

Er war hocherfreut und versprach, ihm alles zu geben, was er sich wünsche. »Du siehst, wie es um mich steht. Gib mir nur ein bißchen Korn und *Ghee*.« Der König befahl, ihn soviel Weizen und Butterfett mitnehmen zu lassen, wie er tragen könne. Die königlichen Verwalter brachten Pangchu zu den Vorratslagern. Er reichte ihnen seine kleine Lammfelltasche. Als die Leute, die dabei waren, das sahen, klatschten sie in die Hände und lachten ihn aus. Sie füllten ihm etwas Korn in seine Tasche. Es entstand ein Geräusch darin, als ob Getreide

Bubulimo Tin: Prinzessin Bubuli wurde von Kiser auf diesen Berg im Nordwesten von Karimabad verbannt

durch das Rauchloch eines Hauses geschüttet würde. Es hörte sich auch danach an, als würde etwas in eine große Schüssel gegossen. Der Mann, der das Korn in die Tasche füllte, wurde müde, bevor sie voll war. Dann übernahm ein anderer die Aufgabe, aber auch ihm kam es so vor, als ob die Tasche keinen Boden hätte. Auf diese Weise verschwand das ganze Getreide aus dem Vorratsspeicher. Alle waren sehr verwundert darüber. Dann füllten sie alles *Ghee,* das vorhanden war, in die Tasche, und sie wurde nicht voll.
Daraufhin sagten die Verwalter und die anwesenden Leute zu Pangchu: »Des Königs Weizen und *Ghee* sind aufgebraucht. Es ist nichts übriggeblieben. Verschwinde nun von hier!« Weinend und klagend hielt er die Tasche mit zwei Fingern auf und schrie: »Ihr habt nicht einmal meine Tasche aufgefüllt. Der König gab mir freie Hand; ich kann noch mehr tragen.« Dann stürmte er verärgert aus dem Palast. Der König hörte Pangchus Geschrei und erkundigte sich nach dem Grund dafür. Er konnte es nicht glauben, daß alle Vorratslager leer waren.
Der Weizen- und *Ghee*-Vorrat in Pangchus Haus hatte große Ausmaße angenommen. »Langa Brumo«, sagte ihr Ehemann, »ich habe deinen Vater zu einem Bettler gemacht, indem ich alles Getreide und das ganze *Ghee*, das er besaß, hierher gebracht habe. Verzehre es in Frieden und gib anderen davon ab.«
Auf diese Weise lebten sie einige Zeit lang im Überfluß. Pangchu schlüpfte in seine königliche Gestalt und nannte sich Lingpikiser. Eines Tages sagte er zu Langa Brumo: »Ich werde dich nun verlassen, um auf Reisen zu gehen. Bleibe du solange hier, und laß es dir gut gehen.« Mit diesen Worten verabschiedete sich Lingpikiser von ihr und begab sich auf seinen Weg.
Nach einigen Tagen kam er zu einem Land mit Namen Haihaiyul, das heute Hunza heißt. Kiser vertrieb die Könige Sha Tham, Bokha Tham, Noni Tham und Lali Tham und riß die Herrschaft an sich. Zwölf Jahre lang regierte er in Haihaiyul.

Es gab dort eine Prinzessin namens Bubuli Gas, und Kiser nahm sie zur Frau. Sie wohnten in Altit, bis eine Nachricht aus Kisers eigenem Land eintraf. Sie lautete: »Der König von Horyul hat Langa Brumo entführt. Dein Land ist verwüstet. Was suchst du dort in Haihaiyul?«

Er sprang auf, um seinem Land Hilfe zu bringen, aber Bubuli Gas hielt ihn fest und sagte: »Was soll aus mir werden?« – »Ich werde morgen weggehen und gestern wiederkommen«, antwortete Kiser und fuhr fort: »Wenn der Mühlstein und das Nudelholz Bärte bekommen haben, bin ich wieder hier. Wenn einem Esel Hörner gewachsen sind, werde ich zurück sein. Wenn der Fluß beginnt, bergauf zu strömen, bin ich wieder bei dir.« Danach gab er ihr ein *Jati* (drei Pfund) kleine Hirsekörner und ein Huhn und brachte sie auf den Berg Bubulimo Tin. »Gib dem Huhn jedes Jahr ein Korn von der Hirse. Wenn sie aufgebraucht ist, werde ich wiederkommen.« Mit diesen Worten ließ er sie dort zurück und eilte in seine Heimat.

Der König von Horyul hieß Pahardang Galpo. Er war mit seiner Armee in Lama eingefallen und hielt es besetzt. Danach entführte er Langa Brumo. Aba Dumbu bat seinen Bruder: »Oh Aba Kitung, kannst du nichts dagegen unternehmen?« Dieser machte sich auf den Weg, um sie zu verfolgen. Als er sie fast eingeholt hatte, forderte er sie zum Anhalten auf. Der Entführer fragte Langa Brumo: »Oh sage mir, was ist das für ein Mann?« – »Er ist eine feige Kreatur. Ruft laut ›ha, ha‹, und er wird es mit der Angst zu tun bekommen und davonlaufen«, riet sie ihm. Die ganze Armee brach daraufhin in Geschrei aus; Aba Kitung erschrak zu Tode und kehrte um. »Oh Bumliftan«, sagte Aba Dumbu, »du kannst vielleicht eher etwas ausrichten. Willst du es versuchen, Langa Brumo zurückzugewinnen?« Er erklärte sich dazu bereit. Als der König von Horyul in Sichtweite kam, befahl er ihm, stehenzubleiben. Dieser erkundigte sich wieder bei Langa Brumo, ob sie ihn kenne. »Laß mich zurück«, sagte sie. »Er ist sehr mächtig. Es gibt nichts, womit man ihm etwas anhaben kann, da er ganz aus Eisen besteht. Du wirst ihn nicht besiegen. Laß einen *Pahlawan* (ehrenhafter Krieger) in meiner Nähe sitzen.« Der König befahl einem seiner tapfersten Männer, sich bei Langa Brumo aufzuhalten.

Bald darauf war Bumliftan nicht mehr weit von ihnen entfernt. »Meine Schwester«, rief er, »warum läufst du davon? Mein Bruder wird zu dir zurückkommen.« – »Oh Bruder«, antwortete Langa Brumo, »ich gehe nur unter der Bedingung mit dir, daß du mich heiratest.« Er konnte sich nicht darauf einlassen, und sie wiederholte ihren Entschluß, beim König von Horyul zu bleiben.

Dann bat Bumliftan sie um ein Gefäß, damit er Wasser schöpfen könne. »Bruder«, sagte Langa Brumo, »aus dem Felsen dort kommt Wasser. Trinke davon, ich habe keinen Krug dabei.« Er ging und hielt sich mit ausgestreckten Armen am Felsen fest und begann zu trinken. Daraufhin flüsterte Langa Brumo dem *Pahlawan* zu: »Nun ziele mit dem Bogen auf seine Achseln, unter denen er verwundbar ist.« Der Leibwächter spannte seinen Bogen und schoß Pfeile in seine Achselhöhlen, die darin stecken blieben.

Bumliftan bestieg sogleich sein Pferd, ergriff Langa Brumo bei der Hand und zerrte sie zu sich aufs Pferd. Dann zog er die Ärmel ihres Kleides über ihre Hände, legte die Enden um seinen Hals, band sie vorne zusammen und peitschte sein Pferd vorwärts.

Aber Langa Brumo schnitt die Ärmel mit einem Messer ab und ließ sich rückwärts hinunterfallen. So kehrte Bumliftan allein zurück. Aba Dumbu fragte: »Was ist dir widerfahren?« »Mein Vater, sie haben mich verwundet. Fühle meinen Puls und sieh, ob ich sterben muß.« Aba Dumbu untersuchte seinen Sohn und beruhigte ihn: »Du wirst dich wieder erholen. Werde du gesund, ich werde dich rächen.«

Der König von Horyul und seine Armee waren an einen Fluß gelangt und gerade auf die andere Seite hinübergewechselt, als Aba Dumbu sie dort erblickte. Er versuchte, sie zum Halten zu überreden. Der König fragte Langa Brumo nach seiner

Gefährlichkeit. Sie schätzte sie gering ein: »Er ist alt geworden und wird nichts ausrichten können.«
Shamtu Miru, der *Wazir,* schlug vor, auf ihn zu warten. »Ich werde mich ihm entgegenstellen, während ihr weiterzieht.« Der König war damit einverstanden.
Aba Dumbu traf auf den *Wazir* und fragte: »Ho Shamtu Miru, bist du geblieben, um dich mit mir zu messen?« Und er demonstrierte ihm sogleich seine Treffsicherheit. »Shamtu Miru, oben am Berghang kommen drei Steinböcke in Sicht. Beobachte den mittleren!« Aba Dumbu erschoß mit seinem Bogen das anvisierte Tier. »Aba Dumbu«, rief der *Wazir,* »über deinem Kopf fliegen einige Tauben. Schau auf die mittlere!« Dann zielte er auf sie, und auch er traf sein Ziel. Aba Dumbu bestätigte, daß sie einander ebenbürtig seien.
Aber er wollte sich damit nicht zufriedengeben und forderte Shamtu Miru nochmals heraus: »Erzähle mir, welche Waffe du benutzen wirst, wo du mich treffen willst und worauf du dein Augenmerk richtest.« – »Ich sehe deine Augen an und werde dich mit meinem Bogen da treffen, wo ich dein Herz in zwei Teile spalten kann«, antwortete er.
Aba Dumbu baute zwölf Steine vor sich auf; nur sein Kopf war zu sehen. Des *Wazirs* Pfeil durchschoß das Hindernis und drang ein wenig in Aba Dumbus Herz ein. »Oh Shamtu Miru«, rief er voller Schmerzen, »du hast mich getroffen.« – »Ich habe getan, was in meinen Kräften steht«, erwiderte der *Wazir.* »Nun bin ich an der Reihe«, sagte Aba Dumbu.
Sein Gegner stellte ihm die gleichen Fragen, und er antwortete: »Ich werde auf deine Augen blicken und den Scheitel deines Kopfes mit dem Schwert spalten.« Shamtu Miru bedeckte sein Haupt mit einem Taschentuch. »Sein Schwert wird mich niemals treffen«, dachte er. Aba Dumbu bestieg sein Pferd Poniki Furfor, zückte sein ägyptisches Schwert und sagte warnend: »Oh Poniki Furfor, wenn du versagst, mögest du verflucht sein! Oh ägyptisches Schwert, wenn du nicht Shamtu Miru und sein Pferd in zwei Hälften teilst, mögest du ebenfalls verflucht sein. Und sollte ich mein Ziel

verfehlen, möge der Fluch über mich kommen und niemand mehr von mir als Aba Dumbu sprechen.«
Danach gab er seinem Streitroß einen Peitschenhieb. Es sprang vorwärts und galoppierte auf Shamtu Miru zu. Aba Dumbu traf ihn und sein Pferd genau in der Mitte, häutete beide, stopfte sie mit Asche und Holzkohle aus und setzte den *Wazir* auf das Pferd, als ob er am Leben sei. Dann sprach er ein Zauberwort: »Pferd, bringe Shamtu Miru zum König. Möget ihr vor ihm in zwei Teile auseinanderfallen, so daß Asche und Holzkohle verstreut werden.«
Anschließend ließ er das ausgestopfte Tier davontraben, und es brachte den *Wazir* zum König, wo geschah, was Aba Dumbu beschworen hatte. Der König war erstaunt und sagte: »Langa Brumo, was für ein Wunder ist da geschehen?« – »König, das ist alles, wozu sie in der Lage sind. Laß uns weiterziehen.« Der König nahm Langa Brumo mit zu seinem Palast, und Aba Dumbu kehrte nach Hause zurück.
Dort erfuhr er, daß Aba Kitung die Pfeile aus Bumliftans Achseln gezogen hatte und er daran gestorben war. Hätte er sie nach vorne hinausgeschoben, wäre Bumliftan noch am Leben. Aber die Widerhaken an den Pfeilspitzen brachen sein Herz. Zu den Verwandten, die in seiner Sterbestunde anwesend waren, hatte er gesagt: »Ich bin sicher, daß Pangchu wiederkommt und Langa Brumo mitbringt. Richtet ihm nach seiner Rückkehr folgendes aus: Er soll Langa Brumo zu meinem Grab bringen und ihre Nase abschneiden, denn nur so kann ich wieder zum Leben erweckt werden. Zögert er, dann soll er ihr eine Nase aus einem anderen Material aufsetzen, um sie anschließend wieder abzuziehen und aufs Grab zu werfen.«
Einige Tage später traf Kiser ein. Eines seiner Yaks graste draußen auf der Weide. Er schlüpfte in die Haut eines Bären und verschlang das Yak. Aba Dumbu erhielt die Nachricht, daß ein Bär Kisers Yak angefallen habe. Er verfluchte das Tier und nahm es als ein Zeichen, daß Kiser verloren sei. Dann nahm er seinen Bogen und wollte gerade den Bären erschie-

ßen, als er die Stimme Kisers hörte: »Ich bin es.« – »Gut, iß dich selber auf«, antwortete Aba Dumbu. »Der König von Horyul hat Langa Brumo entführt, Bumliftan getötet, und du ißt vergnügt dein eigenes Yak auf.«
Kiser, der in seine eigene Haut zurückgeschlüpft war, ging auf Aba Dumbu zu: »Oh Vater«, sagte er, »versammle die Astrologen und frage sie nach meinem Verbleiben.« Aba Dumbu stellte sie auf die Probe: »Wo ist mein Kiser? Ist er tot? Sagt es mir!« Sie antworteten: »Entweder bist du selbst Kiser oder der Jüngling bei dir ist es.« Daraufhin erschien Kiser in seiner königlichen Gestalt und sprach: »Oh Astrologen, wenn ihr das nicht herausgefunden hättet, wären eure Häute mit Asche ausgestopft worden. Aber ihr könnt mir eines Tages vielleicht noch nützlich sein.«
Kiser bat dann seine Verwandten, ihm von der Entführung Langa Brumos zu berichten und ihm zu erklären, warum es keiner hatte verhindern können. »Oh Kiser«, entgegneten sie, »Aba Kitung, Aba Dumbu und dein Bruder versuchten ihr Bestes, aber sie mußten unverrichteter Dinge zurückkehren. Bumliftan wurde heimtückisch niedergestreckt und starb an seinen Verwundungen. Seine letzten Worte lauteten: ›Wenn Kiser Langa Brumo zurückbringt, soll er ihre Nase abschneiden und auf mein Grab werfen. Dann werde ich wieder lebendig.‹«
Kiser nahm die Verfolgung des Königs von Horyul auf. Dieser ließ sich währenddessen von Langa Brumo sein Aussehen beschreiben, damit seine *Pahlawans* ihn rechtzeitig erkennen würden. Langa Brumo begann: »Merkt euch als erstes folgendes: Seine Füße sind klein. Zweitens, schaut seine Taille an, die sehr schlank ist. Dann achtet auf seinen breiten Rücken. An seinen Zähnen ist auffällig, daß einer blau ist. Seine Augen haben die Farbe von Katzenaugen. Seine Stirn ist schmal, der Kopf groß. Wenn euch eine Person mit diesem Aussehen begegnet, tötet sie.« Die *Pahlawans* begaben sich zur Brücke. Es gab keinen anderen Weg, auf dem er kommen konnte.

Kiser gelangte auf seinem Weg zu zwei aneinanderstoßenden Felsen. »Sie tun das zu meinem Besten«, dachte er. »Der Pfeil meines Bogens und mein Pferd besitzen dieselbe Geschwindigkeit. Wenn ich diesen Pfeil abschieße und die Felsen ihn fangen, werden sie auch mein Pferd zu fassen kriegen. Wenn sie den Pfeil nicht einklemmen, dann bin ich auch auf meinem Pferd sicher.« Und er schoß einen Pfeil ab, um seine Chancen zu testen. Seine Federn gerieten zwischen die rhythmisch gegeneinanderstoßenden Felsen. Kiser sah voraus, daß sie den Schwanz seines Pferdes erfassen würden.
Er gab ihm einen Peitschenhieb, und es schoß vorwärts. Was Kiser befürchtet hatte, traf ein. Er stieg ab und zog sein Schwert, um den Schwanz des Pferdes damit abzutrennen. »Oh Lingpikiser«, riefen die Felsen, »wie willst du in die Stadt gelangen, wenn du das Pferd verletzt?« »Laßt den Schwanz los, und ich werde es unbeschädigt lassen.« – »Gut«, sagten die Felsen, »der König von Horyul heiratete eine Frau, und sie gebar ihm zwei Söhne. Wenn du die Köpfe dieser Jungen bringst, für jeden von uns einen, dann geben wir den Schwanz deines Pferdes frei.« Als Kiser sich dazu bereiterklärte, ließen sie ihn gehen, und er ritt davon.
Bei der bewachten Brücke versteckte er Changi Hirpal in seinem Ärmel. Einer der *Pahlawans* sagte: »Das ist er, schaut seine Füße an, sie sind sehr klein geraten.« Kiser vernahm seine Worte und erläuterte: »Was ihr sagt stimmt. Meine Mutter hatte, als ich klein war, nichts als ungegerbte Felle, um meine Füße anzuziehen. Sie drückten mich und hinderten meine Füße beim Wachsen.« Einer der *Pahlawans* sagte daraufhin: »Er ist nur eine unglückliche Kreatur, laß ihn gehen.« Aber der erste musterte ihn weiter: »Seine Taille ist sehr schlank. Er muß es sein.« Kiser diente mit einer weiteren Erklärung: »Ich bin sicher, daß ihr alle kluge Männer seid. Meine Mutter band einen Lederriemen um mich, als ich noch in den Windeln lag.« Die anderen sagten: »Hör auf und laß den Kerl ziehen.« Aber er gab zu bedenken: »Sein Rücken ist breit, er muß es sein.« Kiser zog sich wieder aus der Affäre:

»Mein Rücken wurde stark durch das Tragen von Lasten anderer Leute.« Alle wollten den bedauernswerten Gesellen in Ruhe lassen, aber der erste *Pahlawan* bemerkte seinen blauen Zahn. Kiser sagte: »Du sprichst die Wahrheit. Sie spielten Polo, und ein Ball traf meinen Zahn, als ich von einer Mauer aus zusah.« Er wollte sich schon aus dem Staube machen, da wurde er noch auf seine Katzenaugen angesprochen. »Du hast recht«, sprach er zu dem Besserwisser. »Meine Mutter pflegte zu sagen: ›Als ich mit dir schwanger war, habe ich mich in eine Katze verliebt, und so bekamst du ihre Augen.‹«

Die Auseinandersetzung zwischen den *Pahlawans* hielt an. Die einen wollten ihn gehenlassen, der erste erinnerte sich an Langa Brumos Beschreibung der engen Stirn. Kiser gab ihm folgende Erklärung: »Meine Mutter konnte keinen Kopfverband finden. Da legte sie einen Riemen um meine Stirn.« – »Es ist genug«, sagten die *Pahlawans*. »Er ist ein armer Kerl.« Schließlich ließen sie ihn laufen.

Nachdem er außer Sichtweite war, bestieg er Changi Hirpal und galoppierte los. Er kam zu einem Weidegrund. Einige Hirten hatten ihre Herden zum Grasen dorthin gebracht. Es waren auch Diener von Langa Brumo darunter und somit aus seinem eigenen Land. Während er auf sie zuging, ließ er einen Regenschauer niederprasseln. Sie wurden alle naß. Deshalb nahm er einen großen Felsblock und setzte ihn auf seinen Stock.

Die Hirten eilten herbei, um darunter Schutz zu suchen. Diejenigen, die aus seinem Land stammten, ergriff er bei den Kleidern und zog sie heraus. Die anderen blieben zusammengedrängt unter dem Felsblock sitzen. Kiser selbst fand keinen Platz mehr unter dem Schutzdach. »Schaut her«, sagte er, »ich habe den Stein auf dem Stock befestigt und stehe draußen im Regen.« – »Wenn du ihn hinaufgebracht hast, dann solltest du in der Lage sein, ihn wieder herunterzunehmen«, rieten ihm die Hirten. Er gab dem Stein einen Ruck, und er fiel auf sie, die wie Ratten in einer Falle saßen, und zerrieb sie zu Pulver. Dann ließ er den Himmel klar werden, und er und seine Landsleute wurden wieder trocken. Sie erkannten und begrüßten ihn. Kiser aber sagte: »Ich würde eure Häute mit Asche ausstopfen, wenn ihr nicht eines Tages für mich von Wert sein könntet.«

Anschließend setzte er seine Suche fort und kam nach Horyul. Dort gab es einen Goldschmied, und er ging zu dessen Laden. Der Goldschmied saß drinnen bei seiner Arbeit. Kiser sagte: »Der Mann dort formt eine Nadel, möge sie in seiner Hand zu einem Schwert werden!« Als er eintrat, ging sein Wunsch in Erfüllung. Der Goldschmied war erstaunt. Er sprach zu seiner Tochter, die den Blasebalg betätigte: »Oh Katish Malchucho, wer auch immer dieser Mann sein mag, er bringt uns Glück. Ich werde dich ihm zur Frau geben.«

Kiser war in seine häßliche Gestalt geschlüpft und glich einem tölpelhaften *Deu*. Als Germahalmas, der Goldschmied, aufblickte, war er entsetzt. »Er ist ausgesprochen häßlich«, dachte er, »und meine Tochter äußerst hübsch. Es wäre eine Schande, sie ihm zu überlassen.« – »Vater«, widersprach Katish Malchucho seinen Einwänden, »du hast ein Versprechen gegeben, das mußt du halten. Ich werde diesen Mann heiraten.« Germahalmas lenkte ein: »Ich tue alles für dich, meine Tochter.« Dann bat er Pangchu um sein Einverständnis, und die Hochzeit wurde vollzogen.

Im Anschluß an die Festlichkeiten fragte Germahalmas seinen Schwiegersohn, ob er den Blasebalg bedienen könne. Pangchu bejahte dies und nahm den Platz der Tochter ein. Germahalmas setzte ein Schmiedestück in die Esse, und Pangchu betätigte den Blasebalg. Jeder Gegenstand, den der Goldschmied anfertigen wollte, entstand von selbst, ohne daß er ihn einmal aus dem Feuer genommen und bearbeitet hatte. Er wurde allein durch das Blasen geformt.

Germahalmas war sehr verwundert und entzückt. Alle Aufträge waren rasch erledigt. Es blieb keine andere Arbeit für ihn zu tun. »Oh Schwiegersohn, kannst du ein wenig Holzkohle herbeischaffen?« Er gab ihm einen großen Sack.

Pangchu machte im Handumdrehen aus einem einhundert Säcke und füllte sie mit Holzkohle. Dann rief er seine Landsleute und ließ sie die Kohle tragen. Er ritt auf Changi Hirpal vor ihnen her.
Germahalmas sagte zu seiner Tochter: »Geh aufs Dach hinauf und sieh nach, wo er bleibt.« Als sie auf die Straße blickte, sah sie Pangchu in königlicher Gestalt auf einem Pferd reiten mit hundert Männern in seiner Begleitung. Sie ging zu ihrem Vater hinunter und berichtete ihm davon. »Ich werde selbst Ausschau halten«, sagte er zweifelnd. Vom Dach aus konnte er nur einen Pangchu entdecken, der die Ladungen in Etappen trug. Er stellte einen Sack weiter vorne ab und rannte zurück, um den nächsten zu holen. »Er ist ein starker Mann«, lobte er ihn. »Was ist los mit dir? Einhundert Diener folgen ihm und tragen die Holzkohle«, entgegnete Katish Malchucho. Vater und Tochter konnten sich nicht einigen und gingen ins Haus zurück.
Pangchu brachte die Holzkohle zur Tür. Von innen rief der Goldschmied: »Da ist ein Haus, in das die Kohle gehört.« Pangchu füllte es bis zum Rand. Er meldete zum Wohnhaus: »Es ist etwas übrig.« Germahalmas nannte ihm einen zweiten Lagerraum, doch der Platz darin reichte noch immer nicht aus. Wieder tat er dies seinem Schwiegervater kund. Dieser zeigte ihm einen weiteren Ort und war hocherfreut, als auch das dritte Haus bis unters Dach mit Holzkohle angefüllt war. »Es gibt keinen zweiten wie diesen Mann«, sagte er. »Er ging nur einmal, und drei Häuser waren gerade groß genug, um alle Kohle aufzunehmen.«
Da der Goldschmied keine andere Arbeit für ihn hatte, ging Pangchu nach draußen und setzte sich in die Sonne.
Er sah, wie Langa Brumo auf dem Dach des Königspalastes erschien. An ihrer Brust steckte eine zartgearbeitete Brosche, die Kiser hatte anfertigen lassen. Sie war sehr hübsch. Er legte ein Hirsekorn auf seinen Finger, schnippte es in die Luft und traf die Brosche in der Mitte. Sie zerbrach und fiel zu Boden. Langa Brumo war erstaunt darüber, daß die Brosche an ihrer

Brust von selbst zerbrochen war. Sie hob die Einzelteile auf, brachte sie dem König und klagte ihm ihr Leid. »Germahalmas wird sie reparieren können«, tröstete er sie. »Das wird ihm nicht gelingen«, widersprach Langa Brumo. Doch der König schickte die Brosche zu ihm.

Seine Boten sprachen zum Goldschmied: »Die Brosche der Königin zerbrach von alleine an ihrer Brust. Der König befiehlt dir, sie wieder wie neu zu machen.« Germahalmas versprach, sein Bestes zu tun und bat seinen Schwiegersohn, den Blasebalg zu betätigen. Er blies mit dem rechten Blasebalg, und die Brosche nahm eine grobe Form an. Dann kam ein Ton aus dem linken Blasebalg, und sie zerbrach. »Blase noch einmal, Schwiegersohn«, bat Germahalmas. Ein Ton kam aus dem rechten Blasebalg, und die Brosche nahm Form an. Danach sang der linke Blasebalg wieder, und sie zerfiel. »Schwiegersohn«, sagte Germahalmas, »man könnte meinen, du bist Kiser.« »Wer ist Kiser, du Schurke?« fragte Pangchu und schüchterte ihn auf diese Weise ein. Sie versuchten ein letztes Mal, die Brosche zu reparieren. Als sie eine grobe Form angenommen hatte, nahm Germahalmas sie aus der Esse und legte sie beiseite. Einige Tage vergingen, und Pangchu schickte sie heimlich in sein eigenes Land.

Langa Brumo ging zur Goldschmiede, um sich nach ihrer Brosche zu erkundigen. »Oh Germahalmas, hast du meine Brosche noch nicht repariert?« fuhr sie ihn an. »Möge ich dir zu Diensten stehen, ich habe sie grob zusammengeschweißt.« »Bringe sie her und laß mich sehen!« befahl sie. Germahalmas suchte sie an dem Platz, wo er sie hingelegt hatte, konnte sie aber nicht finden. Er stellte alles auf den Kopf, aber sie war spurlos verschwunden. Das verwunderte ihn sehr. »Oh Langa Brumo, sie ist nicht hier.« – »Was hast du mit meinem Eigentum gemacht, du Schurke?« schrie sie ihn an.

»Du Kreatur von niederem Stand«, warf Pangchu ein. »Wer soll sie genommen haben? Du hast sie selbst gestohlen. Leute von deiner Sorte sind Diebe. Stehe auf!« Er hatte die Brosche unter ihrem Kleid versteckt. Sobald sie sich erhob, glitt sie an

ihrem Körper entlang zu Boden. Sie hob sie auf und beschuldigte den Goldschmied: »Du versteckst Lingpikiser bei dir. Ich werde es dem König erzählen, und er wird dich zerstükkeln.«
»Oh Schwiegersohn«, jammerte Germahalmas, »du hast mich in Schwierigkeiten gebracht. Du bist Kiser!« – »Du Niedergeborener, was weißt du schon? Sie wird nicht wagen, es dem König zu sagen. Im Gegenteil, sie wird dich loben und ihm empfehlen, und der König wird dir Geschenke schicken. Rege dich nicht unnötig auf und halte deinen Mund.«
Langa Brumo ging mit der Brosche zum König und sagte: »Es gibt keinen besseren Handwerker als Germahalmas. Er hat meine Brosche hervorragend repariert.« Und sie lobte ihn über alle Maßen. Der König war sehr zufrieden mit Germahalmas und belohnte ihn.
Einige Tage später ließ er ihn rufen und ihm ausrichten: »Komme morgen früh zu meinem Hof, Kisers Bogen soll gespannt werden.« – »Schwiegervater«, bat Pangchu, »nimm mich mit.« »Nein, mein Sohn, es gibt keinen so häßlichen Menschen wie dich. Wenn ich zugestehen müßte, daß du mein Schwiegersohn bist, würden mich alle auslachen. Du bleibst hier und bewachst die Tür und das Rauchloch.« Pangchu fügte sich.
Am nächsten Morgen ging Germahalmas zum Palast des Königs. Als er seinen Platz bei Hofe eingenommen hatte, sah er, daß Pangchu mitsamt dem Türrahmen und der Holzeinfassung des Rauchloches gekommen war. Er trug sie um seinen Hals. Schnell ging er ihm entgegen. »Warum hast du mein Haus eingerissen«? fragte er entgeistert. »Bring alles zurück!« Pangchu tat, wie ihm geheißen, und Germahalmas gesellte sich wieder zur Versammlung. Dort versuchten sie abwechselnd, Kisers Bogen zu spannen. Der Goldschmied zog ihn ein wenig stärker an als die anderen, aber vermochte ihn auch nicht zu spannen. Der König befahl ihm, später zu einem neuen Versuch wiederzukommen. Er kehrte nach Hause zurück und fand sein Haus vollkommen unbeschä-

digt. Pangchu machte sich lustig über seine Verwunderung. Er bestand aber darauf, beim nächsten Mal seinen Schwiegervater zu begleiten. »Andernfalls werde ich dein ganzes Haus mitbringen«, drohte er.
Am nächsten Morgen gingen sie gemeinsam zum Königspalast, wo die Anwesenden versuchten, Kisers Bogen zu spannen. Nun kam Germahalmas an die Reihe; anschließend bat Pangchu ihn: »Laß mich auch einmal versuchen.« – »Mein Sohn, diese starken Männer sind nicht dazu in der Lage. Du solltest dich über dich schämen.« Der König lauschte und fragte den Goldschmied: »Was hat er gesagt?« – »Er wollte auch eine Chance.« – »Leute wie er sind gute Männer«, sagte der König, »gib ihm den Bogen.«
So gelangte Kisers Bogen in seine eigenen Hände. Er zog ihn mehrmals stark an. »Schwiegervater«, fragte er, »wenn dieser Bogen bricht, wird mich irgend jemand dafür bestrafen?« Germahalmas erkundigte sich beim König. Dieser sprach ihm Straffreiheit zu. »Wenn er birst und dabei Splitter abspringen und jemanden töten, was geschieht dann mit mir?« fragte er abermals. »Gesegnet seist du!« sprach der König. »Laß sie alle sterben.«
Dann spannte Pangchu den Bogen und murmelte dabei einen Zauberspruch: »Mögest du in tausend Stücke zerspringen und alle hier im Saal treffen bis auf den König, meinen Schwiegervater und mich. Alle anderen sollen ausgerottet werden.« Sein Wunsch ging in Erfüllung, und er verursachte ein Blutbad, bei dem alle umkamen. Das war dem König sehr recht. Er sagte zu Pangchu: »Ich habe einen Feind mit Namen Kiser. Wirst du in der Lage sein, es mit ihm aufzunehmen?« – »Bringe ihn her«, antwortete Pangchu, »und ich werde ihn in diesem Moment erschlagen.« – »Er ist im Augenblick nicht anwesend. Wenn ich ihn rufen ließe, würde er nicht kommen. Sollte er sich jemals zeigen, so wird es freiwillig geschehen.« – »Dann werde ich ihn vernichten«, versicherte Pangchu. Der König wollte ihn belohnen und sagte: »Ich schenke dir, was immer du dir wünschst.« Pangchu bat ihn

um ein wenig Eisen. Er wurde zur Schatzkammer gebracht, und Pangchu zauberte alles Eisen, das vorhanden war, in die Werkstatt seines Schwiegervaters. Dann benutzte er die Holzkohle, die er kürzlich aufgestockt hatte, und fertigte einen Eisenpalast an. Darin war ein Zimmer für Katish Malchucho zum Schlafen, eines für Essensvorräte, Trinkwasser, Feuerholz, eine Küche und ein Badezimmer. Er forderte sie auf, in diesem Palast zu wohnen. Danach zauberte er den Eisenpalast in sein eigenes Land Lama. Am nächsten Morgen sah sein Vater dieses neue Bauwerk und war sich ganz sicher: »Das ist das Werk meines Kiser.«
In Horyul ließ sich Pangchu in der Zwischenzeit von Germahalmas eine hundert Ellen lange Kette mit einem Ring am unteren Ende schmieden. Er ging damit zum Tor des Königspalastes.
Dort ragte ein Balken aus der Wand. Er warf die Kette über den Balken, und der Ring legte sich darum. Dann kletterte er daran hoch und stieg auf das Dach des königlichen Gemaches. Der ganze Palast wurde dadurch erschüttert.
»Kiser ist gekommen«, sagte Langa Brumo. Dieser schlüpfte in die Haut einer Katze und miaute um das Rauchloch herum. »Es ist nur eine Katze«, stellte der König mit Erleichterung fest. »Eine Katze ist nicht so kräftig, daß das ganze Haus wackelt«, erwiderte Langa Brumo. »Lingpikiser ist da.« Kiser nahm seine wahre Gestalt an und rief dem König zu: »Oh du Schurke, stehe sofort auf, wenn du noch schlafen solltest.« Dann sprang Kiser ins Zimmer hinab, und die beiden begannen zu ringen. Nach einem kurzen Kampf warf Kiser den König zu Boden und riß ihn in Stücke. Dann ließ er alle Schätze im Palast einsammeln und von einem *Deu* davontragen.
Der König und Langa Brumo hatten zwei Söhne. Sie nahmen sie mit sich, als sie in Richtung Heimat aufbrachen. Unterwegs sprach Kiser: »Ehebrecherin, gib mir diese Kinder.« Er entriß sie ihr und schlug ihnen die Köpfe ab.
Als er zu der Brücke kam, wo die *Pahlawans* des Königs

Wache hielten, rief er ihnen zu: »Ho *Pahlawans*, ihr sagtet ausgezeichnete Dinge, andernfalls hätte ich eure Häute mit Stroh ausgestopft. Ich bin Kiser, der Schlächter vieler berühmter Monster. Ich habe den König getötet und alle seine Schätze mitgenommen.«

Danach erreichte Kiser die Felsen, die rhythmisch aneinanderschlugen. »Ihr habt eine Bedingung gestellt«, sagte er, »nun nehmt diese Köpfe, die von ihren Kindern stammen.«

Einige Tage später erreichte Kiser sein eigenes Land. Er besuchte Katish Malchucho. Langa Brumo erniedrigte er zur Wasserträgerin. Dann brachte er sie zum Grab seines Bruders Bumliftan, aber er zögerte, ihr die Nase abzuschneiden. So setzte er ihr eine Attrappennase auf, riß sie ab und warf sie aufs Grab. Darauf kam ein Monster aus dem Grab gestiegen. Sein Name war Gan Singe.

Zwölf Monate lang ließ Kiser Langa Brumo Wasser auf die Hände von Katish Malchucho gießen. Am Ende dieser Zeit fragte er eine jede von ihnen nach ihrer besonderen Fertigkeit. »Ich kann aus einem Klumpen Teig Brühe für eine Armee mit hundert Männern kochen«, sagte Langa Brumo, »und aus einem Kokon Seide ein hundert Ellen langes Schaltuch weben.« – »Ich habe keine Begabung; ich kann nichts besonderes«, antwortete Katish Malchucho.

»Woher wißt ihr, wenn der Tag anbricht?« fuhr Kiser fort. »Wenn es hell wird«, sagte Langa Brumo, »verspüre ich einen süßen Wohlgeruch in meinen Nasenflügeln.« – »Bei Tagesanbruch merke ich, daß es Zeit für meine Notdurft ist«, antwortete Katish Malchucho.

Darauf setzte Kiser Langa Brumo auf den Thron. Katish Malchucho durfte weiterhin in ihrem Eisenpalast wohnen. Von jener Zeit an regierte Kiser als König über Lama. Sie sagen, daß er ein kluger und gütiger Herrscher war.

13. *Vom Schicksal der Tapkients*

Ursprünglich, so sagt man, lebten in Hunza die Tapkients in Baltit, die Usenguts in Altit und die Hamachating in Ganesh. In jenen Tagen gab es keine *Thamo.* Die Steuern wurden von den Stammesführern eingezogen, und sie entschieden auch über ihre Verwendung. Später rissen Könige aus Gilgit die Herrschaft an sich und vereinnahmten die Steuerabgaben. Das Flußtal oberhalb von Hassanabad war damals dicht besiedelt und warm. Es gab keinen Gletscher. Bis nach Shishpar hinauf lebten Menschen. Auch Tapkients wohnten dort. Sie brachten es zu relativem Wohlstand, der ihnen allmählich zu Kopfe stieg. Es heißt, sie wurden zunehmend arroganter und nannten ihre Väter und Mütter gar *Baba* und *Zizi.* Das waren Anreden, die allein den Angehörigen der königlichen Familien vorbehalten waren.

Die Tapkients hatten den Prinzen Aiyesho Maiyuri als Pflegekind aufgezogen. Nachdem sie solche Überheblichkeit an den Tag legten, beriet sich dieser Aiyesho Maiyuri, der *Tham* von Hunza geworden war, mit den Hamachating, den Usenguts und den besten Männern von Baltit und beschloß, die Tapkients zu töten. Er ordnete an, daß ausgewählte Krieger sich bewaffnen und heimlich Quartier in Aliabad beziehen sollten.

Unter dem Vorwand, dort ein Fest abzuhalten, schickte Maiyuri einen Boten zu den Tapkients, um sie davon zu unterrichten. Als der Gesandte mit der Einladung des Königs ankam, bestiegen alle, die im besten Mannesalter waren, ihre Pferde und folgten ihm.

Unterdessen war eine Truppe von Kriegern nach Shishpar gesandt worden mit dem Befehl, alle alten Leute und schwangeren Frauen zu töten, sobald sie allein waren. Ihren Männern erging es nicht besser. Bei ihrer Ankunft im heutigen Burum Mos (weißer Schlammstrom) in Aliabad wurden sie von Maiyuri Thams Soldaten hinterhältig überfallen und umgebracht. Sie begruben ihre Leichname jedoch nicht, sondern verstreuten sie über dem Burum Mos und ließen sie dort liegen.[1]

Danach brach ein Unwetter aus, große Erdmassen wurden vom Regen heruntergespült und bedeckten die Körper der toten Tapkients. Anschließend, sagen sie, lebte Maiyuri Tham in Frieden.

Nach dem Massaker an den Tapkients trug in Hunza alles Getreide, das angebaut wurde, schwarze Ähren. Eine Zeit lang wußte keiner, wie Abhilfe zu schaffen sei, und eine große Hungersnot begann. Dann ließen sie die *Bitaiyo* tanzen, und diese sangen: »Ho! Wenn ihr irgendwo einen Nachkommen der Tapkients findet und ihn die Saat ausstreuen laßt, wird Hunza wieder fruchtbar werden. Wenn nicht, wird Jahr um Jahr der Getreidebrand wiederkehren.«

Daraufhin zogen die Leute im ganzen Land Erkundigungen ein und erfuhren von einer kinderlosen Frau der Tapkients, daß ein Mädchen aus Pheker einige Tage vor der Vernichtung der Tapkients zum Haus ihres Vaters zurückgekehrt sei. Sie habe kurz vor der Niederkunft gestanden.

Sie schickten auf ihren Rat hin Männer nach Pheker, die die Frau ausfindig machten. Sie hatte einen Sohn zur Welt gebracht, der Diram Churam hieß. Ihre Verwandten weigerten sich jedoch, ihn fortgehen zu lassen. »Ihr wollt ihn nur mitnehmen, um ihn zu töten. Nachdem ihr seinen Vater und dessen Brüder umgebracht habt, werdet ihr auch ihn nicht verschonen.«

Sie legten Schwüre ab und versprachen, Diram Churam kein Haar zu krümmen bis sie endlich die Erlaubnis erhielten, ihn und seine Mutter nach Hunza mitzunehmen. Dort legten sie Weizensamen in die Hand des Kindes, das noch Windeln trug, und gaben der Hand einen Stoß, damit sich die Saat verteilte. Im selben Jahr nahm die Krankheit des Getreides ab.

---

1. Zu dieser Zeit war Aliabad noch nicht bewohnt. Erst Jahre später wurde unter Shah Silum Khan ein Kanal dorthin verlegt, das Land erschlossen und der Ort besiedelt.

Wakhi-Frau aus Oberhunza

Ein Jahr später war Churam etwas größer geworden und hatte begonnen, auf Händen und Füßen zu kriechen. Als sie wieder Samenkörner in seine Hand legten, bewegte er sie allein und verstreute die Saat. Dann ließen sie ihn die restlichen Getreidekörner berühren, vor sich hergehen und bestellten ihre Felder.

Nach zwei oder drei Jahren war er ein kräftiger Junge und säte das Getreide ohne fremde Hilfe. Danach trat der Getreidebrand nicht mehr auf.

Im Laufe der Jahre entwuchs Churam dem Kindesalter und näherte sich der Pubertät. Daraufhin versammelte Maiyuri Tham alle seine Untertanen und sprach: »Laßt Diram Churam in jedem Dorf frei herumlaufen wie einen Ziegenbock. Tötet ihn nicht, wenn er euer Haus betritt, denn er soll viele Nachkommen zeugen.«

Eines Tages machte sich Diram Churam in Richtung Ganesh auf. Auf seinem Wege sah er ein hübsches Mädchen, das Maulbeerbäume bewachte. Sie war eine Tochter der Hamachating und unverheiratet. Diram Churam verliebte sich auf der Stelle in sie. Ohne ihre Eltern zu benachrichtigen, nahm er sie auf seine Schultern und trug sie nach Baltit. Auch dort hielt er die Angelegenheit geheim, damit die Hamachating nichts davon erführen, denn diese galten als böswillige Leute. Aus Angst brachte er sie zu einer Höhle, die sich in den Felsen oberhalb Baltits befand, wo sie in Frieden leben konnten. Ihr Name war Buluki.

Im Tal suchten die Hamachating tagelang nach Buluki. Als sie sie nirgendwo fanden, dachten sie, Buluki sei ertrunken und zündeten die Drei-Tage-Lampen für sie an.

In der Höhe gebar Buluki nach einigen Jahren ihren ersten Sohn, dem sie den Namen Diram Daltas gaben. Zwei Jahre später wurde ihnen ein zweiter Sohn geboren, und sie nannten ihn Diram Maltash. Nach weiteren zwei Jahren kam der dritte Sohn zur Welt. Er hieß Diram Haider Ali. Auf ihn folgten Diram Pfuno und Dashaman Khurdik. Bis zu dem Tag, da alle Söhne geboren waren, blieben Buluki und ihre Kinder sicher in ihrem Versteck, der Buluki Ghash-Höhle, wie sie später nach ihr benannt wurde.

Die Söhne wuchsen zu jungen Männern heran. Als wieder einmal die Zeit für die Buchweizenaussaat gekommen war, sagten Churam und Buluki zu ihren beiden ältesten Söhnen: »Die Ochsen unserer Verwandten laufen frei heraum, sie grasen in Ultar. Geht und bringt sie her.« Sie gingen, um die Ochsen zu holen. Es waren sieben Joch auf der Weide. Diese trieben sie auf ihr Land und pflügten das Bul Mal-Feld (Quellfeld), damit sie den Buchweizen säen konnten. Churam war nicht mit ihnen gegangen.

Buluki hatte ihnen eingeschärft: »Unsere Verwandten sind üble Leute. Vielleicht werden sie kommen und euch angreifen. Sagt deshalb, wenn ihr die Ochsen führt: ›Möge ich den Ochsen vom Vater meiner Mutter und seinen Brüdern Opfer bringen. Möge ich den Falken von den Brüdern meiner Mutter Opfer bringen. Ich gehe um euch herum, Ochsen.‹ Wiederholt diese Worte beim Pflügen. Wenn sie kommen sollten und euch ausfragen, antwortet ihnen: ›Wir sind die Söhne eurer Schwester Buluki. Unser Vater ist Diram Churam.‹«

An diesem Tag hatten die Hamachating ebenfalls ihre Söhne nach Ultar geschickt, um die Ochsen zu holen. Als sie dort ankamen, konnten sie keines ihrer Tiere entdecken, sahen aber wohl ihre Spuren. Sie folgten ihnen, bis die Spuren der Ochsen aus dem Tal auf die Bua Gan (Kuhstraße) hinausführten. Von da aus konnten sie sehen, daß unterhalb einige Leute mit den Ochsen auf dem Bul Mal pflügten.

Wutentbrannt rannten sie hinab, und als sie beim Herashung (Verbindungskanal) anlangten, hörten sie voller Verwunderung, daß die fremden Männer ihren Ochsen Ehre erwiesen. Sie änderten daher ihren ursprünglichen Plan, diese Leute wegen Diebstahls zu bestrafen und beschlossen, der Sache auf den Grund zu gehen.

Als sie näher hinzutraten, ließen Churams Söhne die Ochsen frei und sagten: »*Salam* (Friede sei mit Euch), Onkel.« Die

jungen Männer der Hamachating fragten: »Wer seid ihr? Woher nehmt ihr das Recht, diese Ochsen hierher zu bringen?« – »Wir sind die Söhne von Buluki, und der Name unseres Vaters ist Diram Churam.«
»Wo sind sie?«
»Sie sind in der Höhle oben in den Felsen.«
»Was tun sie dort? Warum leben sie nicht hier unten?«
»Aus Angst vor euch halten sie sich darin versteckt.«
Da gingen die Hamachating hinauf zur Höhle und waren hocherfreut, die beiden dort anzutreffen. Sie nahmen sie und ihre Söhne mit sich, und als sie heimgekehrt waren, gaben sie ihnen die sieben Joch Ochsen zum Geschenk. In Ganesh feierten sie nachträglich ihre Hochzeit und sorgten für eine Mitgift.
Heute noch leben Diramiting in Baltit, die von diesem Churam abstammen.

14. Puno und Shiri Berai Bagherthar

Es gibt in Hunza einen Brauch aus alten Zeiten. Am 15. Tag des Monats Dalv wird das Bopfau-Fest abgehalten. Dabei spielt eine große Holzschale eine Rolle, die aus früheren Tagen stammt. Es heißt, diese Schale existiere seit der Zeit Alexanders des Großen.
Während des Bopfau-Festes nimmt derjenige Mann, der eine Vorrangstellung unter den Diramiting genießt, die Schale und trägt sie von Baltit nach Altit. Nach Abschluß der Zeremonie bringt er sie wieder nach Baltit zurück.
Geribs Sohn Puno durfte diese Schale mehrere Jahre lang nach Altit tragen. Wenn er Wein getrunken hatte und im Rausch war, präsentierte er sich immer dem *Tham.* Das Fleisch und Brot, welche nach der Feier übrig waren, bekam er gewöhnlich mit nach Hause.
Dort sagte er zu seiner Familie: »Da sind Brot und Fleisch in der Schale, nehmt sie als Geschenk.« Als jedoch seine Frau

und Söhne die Schale aufdeckten, war sie leer. Sie warfen Puno vor: »Du bist von Sinnen. Wahrscheinlich hast du dich betrunken und das Essen irgendwo verloren.« Puno war ganz verwirrt. Er konnte sich beim besten Willen nicht erinnern, die Schale fallen gelassen zu haben. Im Verlauf von sieben Jahren verschwand ihr Inhalt immer auf dieselbe, unerklärliche Weise.

Im achten Jahr kam Puno mit der Schale vom Bopfau-Fest zurück, ohne Wein getrunken zu haben. Auf dem Heimweg befand sich ein Stein, der Kharum Bat (gespaltener Stein) genannt wurde.

Als er dort vorbeikam, näherte sich eine Hand der Schale. Puno griff sofort nach der Hand, die sich loszureißen versuchte, aber Puno lockerte den Griff nicht. Eine Stimme klagte: »Oh Vater, ich kann nicht bei dir bleiben. Laß mich frei!« Als er genauer hinschaute, sah er einen hübschen Jüngling mit einem Stock und Fußlappen aus Kupfer.

Puno fragte ihn nach seinem Namen. »Ich heiße Shiri Berai Baghertham«, antwortete dieser. Um ihn an einer Flucht zu hindern, nahm Puno seinen Stock und die Fußlappen an sich. Da blieb Shiri Berai Baghertham nichts anderes übrig, als ihm zu folgen.

Als Puno zu Hause ankam, sagte er zu seiner Frau: »Lege diese Fußlappen und seinen Stock in eine Kiste. Falls er dich in meiner Abwesenheit einmal danach fragt, gib sie ihm unter keinen Umständen.«

Man erzählt, daß von dem Zeitpunkt an, als Puno Shiri Berai Baghertham zu sich nahm, seine Herden sich stark vermehrten, und er Getreide im Überfluß hatte. Aber selbst nach zwanzig Jahren konnte sich Shiri Berai Baghertham in Punos Haus nicht heimisch fühlen, und er dachte an Flucht.

Eines Tages war der Hausherr fortgegangen, um Feuerholz zu holen. Shiri Berai Baghertham nutzte die Gelegenheit und bat dessen Frau: »Mutter, Mutter, gib mir meine Fußlappen und den Stock. Vater ist noch nicht zurückgekommen, er hat sich verspätet. Ich werde ihm entgegengehen, um ihm seine

Last abzunehmen.« Obwohl es ihr streng verboten war, seine Sachen herauszugeben, ließ sie sich von Shiri Berai Baghertham Betteln erweichen und öffnete die Kiste.
Er zog die Fußlappen an, nahm seinen kupfernen Stock und kletterte auf einen nahegelegenen Berg. In der Zwischenzeit kam Puno mit dem Holz zur Haustür herein und mußte feststellen, daß Shiri Berai Baghertham nicht da war. Seine Frau erzählte ihm, daß er sich mit den Worten: »Auf Wiedersehen Mutter und Vater«, davongemacht hatte.
Puno jagte ihm nach. Als er ihn fast eingeholt hatte, rief Shiri Berai Baghertham: »Was übrig ist, sei dein Anteil. Was ich gegessen habe, ist meiner. Du bleibe, wo du bist, Vater!« Während er das sagte, lief er weiter. Aber Puno wollte die Verfolgung noch nicht aufgeben. Er kehrte erst um, als Shiri Berai Baghertham den Berg Khu zu überqueren begann.
Nachdem er Punos Haus verlassen hatte, verarmte die Familie zusehends.

Baltit-Fort im Frühling

Puno war vom Stamm der Diramiting. In der heutigen Zeit geht einer seiner Nachkommen ebenfalls mit der Bopfau-Schale von Baltit nach Altit. Sein Name ist Heri Sing. Er wurde dazu ausersehen, die Saat, die an diesem Tag ausgestreut wird, vom Palast des *Tham* abzuholen und vor dem König auf dem Wege zum Mamutsa-Feld einherzuschreiten.

15. Zwei feindselige Brüder

Es wird erzählt, daß früher in Baltit zwei Brüder lebten, Khuru und Khamer. Khuru hatte einen und Khamer sieben Söhne. Die beiden Brüder stritten sich unentwegt und beschlossen deshalb, das gemeinsam ererbte Land aufzuteilen. Khamer schüchterte Khuru ein, der keine so große Familie hatte, die ihm den Rücken stärken konnte, und beanspruchte den Hauptanteil des Landes für sich.

Khuru sagte zu Khamer: »Bruder, du hast dir fast alles Land angeeignet und mir nur wenig abgegeben. Laß uns eine gerechtere Lösung finden.« – »Das kommt nicht in Frage«, antwortete Khamer. »In Wirklichkeit hast du zuviel bekommen. Wenn du mir nicht glauben willst, laß uns beschwören, daß die Teilung gerecht war.«

Khuru war damit einverstanden, aber gab zu bedenken: »Bruder, der Sahale Boin und der Halasa Boin sind sehr mächtig und schnell erzürnbar.« – »Falls wir sie anrufen«, entgegnete Khamer, »werden sie sich später rächen. Laß uns statt dessen zur Berishal-Schlucht gehen und bei dem Wasser dort schwören.« Khuru folgte ihm zu diesem Hohlweg, um den Eid abzulegen.

Kurze Zeit darauf stritten sie wieder, und Khuru forderte von Khamer, das Land erneut aufzuteilen. Khamer lehnte dies ab und sagte: »Laß uns aufs Feld gehen und die Meinung der Erde erfragen. Sie wird uns kundtun, wer von uns beiden zuviel Land besitzt.« Khuru ließ sich darauf ein.

In der Nacht vor der Entscheidung nahm Khamer einen seiner Söhne mit sich, grub ein Loch ins Feld, versteckte ihn darin und schüttete es wieder zu, nachdem er ihm Anweisungen gegeben hatte.

Zu Hause angekommen, forderte er Khuru auf, ihn zu dem Feld zu begleiten, in dem sein Sohn vergraben war. Dann stellte er die Entscheidungsfrage: »Oh Land, sage uns, wer von uns beiden den größeren Anteil hat.« Khamers Sohn antwortete aus der Tiefe des Erdreichs: »Khurus Besitz ist größer.« Khuru ließ sich davon überzeugen und erklärte sich bereit, die Streitigkeiten beizulegen.

Khamer ließ ihn vorausgehen und ging zu seinem Feld, um seinen Sohn herauszuholen. Aber er war nicht dort, wo er ihn versteckt hatte. Dann rief er seinen Namen, und weiter vorne erschallte ein Ruf: »Hallo!« Er ging zu der Stelle und suchte nach ihm, aber ohne Erfolg. Wieder rief er nach seinem Sohn und hörte in der Ferne eine Antwort. Das wiederholte sich so lange, bis er das ganze Feld umgegraben hatte, aber er fand seinen Sohn nicht.

Daraufhin ging er nach Hause zu seinen sechs Söhnen. Khamer und seine Söhne starben kurze Zeit später und sein Land blieb ohne Erben, so erzählt man. Khuru machte keinen Gebrauch davon. Es ist überliefert, daß er einen Mann namens Datu Sing auf diesem Land ansiedelte. In Hunza trugen die Nachfahren von Datu Sing die Standarte, wenn es galt, in den Krieg zu ziehen.

In Baltit leben heute die Khurukutz, welche von Khuru abstammen und auf Khamers Land die Datu Singkutz.

Es gibt auch eine Geschichte über Khamers Nachkommen, die von einem Murmeltier handelt. Diese Tiere sind in Hunza nicht heimisch, aber man findet sie in den Paßregionen des Tagdumbash-Pamir und Kaschmirs. Man nimmt an, daß sich Khamers Sohn in ein Murmeltier verwandelte, nachdem er eingegraben worden war.

16. Der Streit um Ultars Weidegründe

Früher, so ist überliefert, gehörte der Weidegrund in Ultar den Hamachating. Es gab einen Weg dorthin von Ganesh am Herashung entlang bis zum Ultar-Tal oberhalb Baltis.

Die Benutzung dieses Pfades für den Almauftrieb fügte den angrenzenden Feldern großen Schaden zu. Aber ihre Besitzer hatten Angst davor, sich bei den Hamachating darüber zu beklagen, denn sie waren sehr mächtig.

Eines Tages baten sie Shadun Kapuri, eine Ehefrau der Khurukutz, am Herashung zu sitzen, und trugen ihr auf: »Wenn die Hamachating aus Ultar kommen, remple sie an und beginne dann zu schreien: ›Sie haben Hand an mich gelegt.‹ Wir werden dir zu Hilfe eilen.«

Bald darauf kamen die Hamachating mit langen Wacholderbaumstämmen den Herashung hinunter. Shadun Kapuri versperrte ihnen den Weg, und sie riefen ihr zu: »Geh aus dem Weg!« Aber sie rührte sich nicht von der Stelle. Die Hamachating sind schnell erregbar, und einer von ihnen gab ihr einen Stoß.

Daraufhin erhob sich ein Geschrei: »Mögen die Krähen sie fressen! Sie haben Hand an mich gelegt.« Von allen Seiten kamen Männer herbeigestürzt, ergriffen die Hamachating und schleuderten sie umher.

Danach versammelten sich die vier Gemeinschaften von Baltit und gingen mit den Hamachating ins Gericht. Shadun Kapuri war eine Tochter der Barataling und eine Ehefrau der Khurukutz. Die Diramiting entschieden als unbeteiligte Partei den Fall. Als Strafe für das, was sie Shadun Kapuri angetan hatten, wurde den Hamachating der Weidegrund weggenommen.

In den nachfolgenden Jahren ließen die Khurukutz, die Diramiting und die Barataling ihre Herden partnerschaftlich in Ultar grasen, bis die *Thamo* den Weidegrund an sich nahmen. Bis auf den heutigen Tag ist er im Besitz des Königs.

17. Aiyesho Maliks Kampf

Früher, so sagt man, gab es in Hunza einen sehr mächtigen *Tham,* der Aiyesho Malik hieß. Als er krank wurde, rief er seine Ältesten zusammen und teilte ihnen mit: „Ich werde nun bald sterben. Wenn ich tot bin, legt meinen Dolch zu mir ins Grab, weil ich dort mit Nakir und Munkir ringen werde. Setzt euch nach meinem Begräbnis in einiger Entfernung hin, um den Kampf zu verfolgen. Sobald es wieder ruhig geworden ist, sollt ihr die Grabsteine wegnehmen und nachsehen, ob mein Dolch aufrecht im Boden steckt: in diesem Fall habe ich gewonnen. Aber wenn sie mich umgedreht haben, so daß ich auf meinem Rücken liege und der Dolch neben mir, dann war der Sieg auf ihrer Seite.«

Sie sagen, daß Aiyesho Malik einige Tage später gestorben ist und sie ihn begruben. Sie legten Steine über sein Grab, aber füllten es nicht mit Erde auf. Dann setzten sie sich nieder, um es zu bewachen. Und richtig, Lärm erhob sich in der Grabkammer. Als es ruhig geworden war und sie die Steinplatten entfernten, sahen sie Aiyesho Malik auf seinem Gesicht liegen und den Dolch im Boden stecken.

Sie waren voll Verwunderung, daß Aiyeshos Voraussage sich erfüllt hatte und schlossen das Grab. Anschließend schütteten sie Erde darauf und begossen es mit Wasser. Dann kehrten sie nach Hause zurück.

Einige Leute vermuteten, daß Aiyesho Malik magische Kräfte besaß. Sie erzählten, daß sich nach seinem Tod erstaunliche Dinge an seinem Grab zutrugen. Sobald jemand

daraufstieg, brach er sich auf der Stelle ein Bein oder einen Arm. Auch Ziegen oder Kühe, die darübergingen, kamen nicht ohne einen Beinbruch davon.
Bis zum heutigen Tag befindet sich Aiyesho Maliks Grab auf dem Grundstück eines Mannes mit Namen Dolo, aber niemand beachtet es mehr. Es ist ringsherum von einer Mauer umgeben.

18. Sing von Hindi und der Racheakt seines Enkels

Es wird erzählt, daß es in Hindi einen Mann namens Sing aus dem Stamm der Hamachating gab. Zu seiner Zeit regierten keine *Thamo* über Hindi, sondern Sing herrschte über die Bevölkerung dieses damals kleinen Ortes.
Sings Söhne waren feine Burschen. Eines Tages gingen sie in die Berge zur Jagd. Unterwegs machten sie Rast an einer Stelle, von der sie auf Hindi herabblicken konnten. Im Tal erkannten sie ihren Vater auf seinem Bett in der Nähe ihres Hauses Mittagsschlaf halten. Einer seiner Söhne hatte folgende Idee: »Laßt uns ein jeder unsere Geschicklichkeit unter Beweis stellen, indem wir auf ihn zielen, ohne ihn zu treffen.« Die beiden Ältesten beschlossen, ein Bein seiner Bettstelle anzuvisieren. »Ich ziele auf die Tülle seines Wasserkrugs«, sagte der Jüngste, dessen Name Daltas Manuko war.
Sie spannten ihre Bögen, und ein jeder Pfeil traf. Daraufhin erwachte Sing. Als er nachschaute, sah er zwei Pfeile in den Beinen seines Bettes stecken und einen im Ausguß des Kruges. »Meine Söhne«, dachte er, »haben geplant, mich umzubringen.« Er informierte alle seine Untertanen über den versuchten Mordanschlag und nahm die Verfolgung seiner Söhne auf.
Nachdem er sie eingeholt hatte, gelang es ihm, zwei von ihnen zu töten. Daltas Manuko jedoch entkam ins gegenüberliegende Pisan. Sing kehrte mit seinem Gefolge nach Hindi zurück.

Die Wasserquelle in Hindi war klein und Sing hatte sich ein System ausgedacht, das Wasser gerecht zu verteilen. Er schüttete 3 *Chuk* (72 Pfund) Hirse in den Trichter der Wassermühle, und wenn sie gemahlen waren, änderte er die Wasserrichtung. Auf diese Weise wurden die Felder abwechselnd bewässert und Hindi kultiviert.
Auf der gegenüberliegenden Seite fanden die Leute in Pisan großen Gefallen an Sings Sohn Daltas Manuko, weil er ein hübscher und stattlicher Jüngling war. Sie verabredeten untereinander: »Keiner von uns soll ihn töten, im Gegenteil: er darf in unseren Häusern aus- und eingehen.« Und so gewährten sie ihm alle Freiheiten mit ihren Frauen. Außerdem verheirateten sie ihn mit einem Mädchen aus dem Dorf, bei dem er sich niederließ.
Nach einiger Zeit kamen alle Frauen zusammen und beklagten sich bei ihren Ehemännern: »Daltas Manuko denkt nicht daran, sich mit uns einzulassen. Er geht uns aus dem Wege.« Daraufhin versammelten sich alle Männer von Pisan und beschlossen, ihn zu töten.
Daltas Manukos Frau erwartete ein Kind. Sie warnte ihn vor der bevorstehenden Gefahr, und er floh. In Pisan gab es eine Trauerweide mit einem Wassertank darunter. Er stieg in die Weide hinauf, um sich vor seinen Verfolgern zu verstecken. Als sie dort ankamen, sahen sie sein Gesicht im Tank und vermuteten, er sei ins Wasser gesprungen. Deshalb ließen sie das Wasser aus dem Becken heraus, ohne ihn jedoch zu finden.
Zu diesem Zeitpunkt erschien ein alter Mann, der sie verwundert fragte: »Was ist los mit euch?« Sie antworteten: »Sings Sohn floh vor uns und tauchte in diesem Tank unter. Wir wollen ihn von da unten herausbekommen.« »Oh ihr Dummköpfe«, sagte der alte Mann. »Er sitzt oben in der Weide. Schaut hinauf! Es ist nur sein Spiegelbild, das ihr dort seht.« Daraufhin entdeckten sie ihn im Baum und zogen ihn herunter. Daltas Manuko äußerte eine letzte Bitte: »Bringt mich an einen Platz, von wo aus ich Hindi sehen kann.« Sie erfüll-

ten ihm diesen Wunsch und töteten ihn anschließend dort. Die Frau von Daltas Manuko brachte einen Sohn zur Welt. Als er einige Jahre später draußen mit den Nachbarskindern spielte, sagten diese zu ihm: »Oh du Eindringling. Warum schlägst du uns?« Daraufhin fragte er seine Mutter: »Oh Mutter, die Kinder nennen mich Eindringling und Flüchtling. Erzähle mir, wie ich geboren wurde und wo sich mein Heimatland befindet.«

Seine Mutter antwortete: »Mein Sohn, es ist wahr. Pisan ist nicht unser Land. Dein Vater war aus Hindi zu uns gekommen. Er heiratete mich, und du wurdest hier geboren. Die Leute von Pisan töteten deinen Vater.«

Der Junge beschloß, nach Hindi zu gehen, aber seine Mutter befürchtete, Sing werde ihn genauso umbringen wie seine beiden Söhne. Doch der Sohn war nicht von seinem Vorhaben abzubringen.

So willigte sie schließlich ein: »Gut, dann gehe. Aber achte auf das Schnarchen deines Großvaters, wenn er sich hingelegt hat. Es ist in der Ferne zu hören. Schleiche dich an und sieh nach, ob seine Augen offen sind. Dann schläft er. Wenn sie geschlossen sind, ist er wach und wird dich töten. Denke daran, wenn du ihm begegnest.«

Daraufhin ging der Junge zum Fluß hinunter. In jenen Tagen, sagt man, war der Fluß klein. Es gab auf beiden Seiten Reben, die über der Mitte des Stromes miteinander verflochten waren. Er benutzte die Reben als eine Brücke und gelangte auf diese Weise ans andere Ufer. Sobald er in die Nähe des Hauses seines Großvaters kam, hörte er ihn schnarchen, und als er an seinem Bett stand, waren seine Augen offen. Er tötete ihn auf der Stelle, ließ seinen abgeschlagenen Kopf dort liegen und versteckte sich.

Sings Schwestern und die Mitbewohner seines Hauses hörten von seinem Tod. Als sie nachschauten, sahen sie, daß er umgebracht worden war. Sie verfluchten die Leute aus Hindi. Alle fragten sich: »Wer kann ihn getötet haben?« Da kam der Sohn von Daltas Manuko aus seinem Versteck. »Oh Tanten«,

Wasserwächter am Barber-Kanal vor der Höhle, in der sie übernachten

sagte er, »ich war es, der Großvater erschlagen hat. Ich rächte die Brüder meines Vaters, die er ohne Grund tötete. Mein Vater war dem Tod entronnen und nach Pisan geflüchtet. Dort heiratete er meine Mutter und wurde noch vor meiner Geburt von den Leuten aus Pisan umgebracht.«

Danach ließ er sich in Hindi nieder und übte die Herrschaft aus, die Sing innehatte. Früher hatte sein Großvater 3 *Chuck* Hirse in den Mühlentrichter geschüttet und auf diese Weise die Wasserverteilung für die Bevölkerung geregelt. Der Sohn von Daltas Manuko schaffte dieses System ab und verteilte das Wasser auf der Basis von Tagen. Dieser Brauch ist noch heute gültig.

Kurze Zeit später eroberten die *Thamo* von Hunza Hindi und beendeten seine Herrschaft, indem sie ihn töteten.

19. Der Feuertod des Tyrannen Siri Badat

Als Azur Jamshed König von Baltistan wurde, regierte Siri Badat in Gilgit, Hunza und Nager, nachdem er seinen Vorgänger Shah Rais um der Krone willen umgebracht hatte.

Siri Badat war nicht nur ein Tyrann, sondern ein Menschenfresser. Es wird erzählt, daß er ursprünglich nur einjährige Zicklein verspeiste. Dann wurde er eines Tages von einer älteren, kinderlosen Frau bewirtet, die ihm zu Ehren eine junge Ziege schlachtete, die sie mit ihrer eigenen Milch großgezogen hatte. Siri Badat erkundigte sich nach der Ursache für den ungewöhnlichen Fleischgeschmack. So bekam er eine Vorliebe für Menschenfleisch und begann, kleine Kinder im Alter von ein bis sieben Jahren zu essen.

Azur Jamshed begab sich einmal auf Jagd und geriet dabei zufällig in die Danyor-Region. Als er Unterschlupf in der Khohat-Höhle suchte, traf er auf einen Sohn des *Wazir* Kachat, der Siri Badats Premierminister war. Im Laufe einer längeren Unterhaltung beklagte sich der *Wazirs*-Sohn über König Siri Badat und seine Grausamkeiten.

Azur Jamshed erklärte sich bereit, Gilgit von seinem despotischen Herrscher zu befreien, aber der Sohn des *Wazirs* wollte erst seinen Vater um Zustimmung bitten. Der gab seine Einwilligung, und sie brachten Azur Jamshed verkleidet zum Haus des *Wazirs.*

Dort lebte die Prinzessin Nur Bakht, Tochter von Siri Badat, als Pflegekind. Azur Jamshed verliebte sich in sie, und sie heirateten heimlich.

Als ihnen ein Sohn geboren wurde, hatten seine Eltern Angst, daß Siri Badat auch ihn verschlingen würde. Deshalb legten sie den Säugling in eine Holzkiste und setzten ihn auf dem Gilgit-Fluß aus. Der Name des Kindes war Su Malik. Die Holzkiste schwamm an Land an einer Stelle, wo ein Mann namens Guddas am Ufer Gold wusch. Beim Öffnen der Kiste entdeckte er das Kind, trug es heimlich nach Hause

und zog es mit seinen eigenen Kindern auf. Su Malik blieb bei Guddas bis er 15 Jahre alt wurde.
Azur Jamshed verfolgte weiterhin seinen Plan, Siri Badat zu töten. Aber das war eine schwierige Aufgabe, weil der Tyrann mit übernatürlichen Kräften ausgestattet war. Mit gewöhnlichen Mitteln konnte er nicht zu Fall gebracht werden.
Der *Wazir* und Azur Jamshed beschlossen daher, daß sich die Prinzessin Nur Bakht besorgt um ihren Vater zeigen und dabei herausfinden sollte, wo er am leichtesten zu verletzen sei. Sie besuchte daraufhin ihren Vater und berichtete ihm, daß alle Bewohner Gilgits einen Komplott gegen ihn schmiedeten. Sie bot ihm an, ihn zu beschützen, wenn sie nur wüßte, auf welche Weise er verwundbar sei. Siri Badat beruhigte sie. Es gäbe keinen Grund, um seine Sicherheit zu fürchten. Schwerter und Gewehre könnten ihm nicht gefährlich werden, nur ein Feuer bedeute sein sicheres Ende.
Nachdem Nur Bakht ihm dieses Geheimnis entlockt hatte, vertraute sie es ihrem Ehemann und dem *Wazir* an. Sie beriefen eine öffentliche Versammlung ein und beschlossen, einen tiefen Graben vor dem Palasteingang auszuheben, den sie anschließend kunstvoll mit einem Tuch tarnen wollten.
Der Plan erwies sich als erfolgreich: In der folgenden Nacht verkündete Azur Jamshed mit lauter Stimme: »Der Feind ist gekommen!« Siri Badat stürmte auf diesen Alarmruf hin aus dem Palast, fiel in den Graben, worauf seine Untertanen mit brennenden Fackeln herbeiliefen und sie auf ihn warfen.
Nach Siri Badats Flammentod bestieg Azur Jamshed den Thron von Gilgit. Er hatte nur sieben Jahre lang regiert, als die Königin Nur Bakht ihm die Macht neidete und ihn in den Selbstmord trieb.
Nach seinem Freitod waren die Bewohner Gilgits in zwei Lager gespalten: Die eine Partei wünschte die Königin als Herrscherin, die andere zog es vor, einen *Raja* zu wählen, und setzte sich damit durch. Nun stellte sich die Frage: »Wer sollte in die engere Wahl gezogen werden?« Ein alter Mann, der in Gilgit lebte, berichtete dem Volk, daß unter den acht

Söhnen von Guddas aus Badas ein Pflegesohn war, der vom *Raja* von Gilgit abstamme. Er riet ihnen, den Jüngling nach Gilgit zu holen und ihn zum König zu ernennen.
Die Leute verlangten, der neue *Raja* solle die Königin Nur Bakht heiraten, ohne zu wissen, daß sie seine Mutter war. Als der Prinz vor der Königin erschien, füllten sich ihre Brüste mit Milch, und sie erkannte, daß es ihr eigener Sohn Su Malik war. Guddas bestätigte ihre Geschichte von der Aussetzung des Kindes in einer Kiste, um ihn vor Siri Badat zu retten. Su Malik wurde gebührend als Thronfolger gefeiert und erhielt den Beinamen »Gilgit Malik«. Auf ihn führen die Herrschaftsdynastien von Hunza und Nager ihre Abstammung zurück.

20. *Die Vernichtung Chupursans*

Es wird berichtet, daß Chupursan in früheren Zeiten dicht besiedelt war und die Herrscher von Gilgit dort Steuern einzogen.
Ishkuk im Chupursan-Tal bestand damals aus sieben Dörfern und einem Teich, in dem ein Drache hauste. Um das Ungeheuer gnädig zu stimmen, zahlten die Dörfer abwechselnd einen Tribut in Form von einem männlichen Yak, einem Klumpen Butter und einem Menschenopfer. Einige Jahre lang verfuhren sie auf diese Weise.
Dann kam ein Mann an die Reihe, die Opfergaben bereitzustellen, der neben seiner Frau nur eine Tochter hatte. Er sagte zu seiner Frau: »Heute muß ich dem Drachen Tribut zahlen. Ich werde sofort gehen, denn man warnte mich, es sei höchste Zeit.« Daraufhin brach seine Frau in Tränen aus und sagte: »Oh Ehemann, bleibe hier, ich gehe an deiner Statt.« Aber die Tochter erklärte sich bereit, »denn falls der Drache mich verschlingt, können euch wieder Kinder geboren werden. Legt ein paar Kleidungsstücke für mich bereit.«

Sie nahm die notwendigen Opfergaben mit sich und machte sich weinend auf den Weg. Als sie bei dem Drachen ankam, traf sie auf einen alten Mann mit weißem Bart. Sie begrüßte ihn, und er fragte: »Mädchen, was tust du hier?« Sie antwortete unter Tränen: »Oh Vater, womit kann ich dir dienen? Heute bin ich an der Reihe, den Drachen zu besänftigen. Der wird mich gleich verschlingen.« Der alte Mann bat sie, seinen Bart zu entlausen, solange er sich zu einem Schläfchen hinlegte.

Bald darauf schickte sich der Drache an, dem Teich zu entsteigen. Der alte Mann war gerade eingeschlafen. Das Mädchen fürchtete sich. Es begann zu weinen, und eine Träne fiel auf sein Gesicht. Er erwachte davon und fragte: »Was ist los mit dir?« – »Oh mein Vater«, antwortete sie, »der Drache wird mich gleich holen. Sein Kopf tauchte schon aus dem Teich auf.« Der Mann sah den Drachen wutschnaubend näherkommen, zog sein Schwert aus der Scheide und schug den Drachen in Stücke. Zu dem Mädchen sagte er: »Du kannst nun unbesorgt nach Hause gehen. Ich habe den Drachen vernichtet.«

Als die Eltern sie zurückkommen sahen, nahmen sie sogleich an, der Mut hätte sie verlassen und sie schimpften mit ihr. »Warum hast du das getan? Nun wird der Drache uns hier finden und töten. Wenn du so ängstlich bist, hättest du niemals gehen dürfen.« Das Mädchen aber erzählte ihnen von der Wundertat des Heiligen. »Wenn ihr mir nicht glaubt, kommt mit, und ich zeige euch den mit Blut und Knochen angefüllten Teich.«

Als sie zu dem Ort kamen, sahen sie die Überreste des Drachen und dankten Gott. Dann gingen sie ins Dorf zurück, versammelten alle Leute und berichteten ihnen, daß der Drache getötet worden war. Auch sie ließen sich erst davon überzeugen, nachdem sie alles mit eigenen Augen gesehen hatten. Dann kehrten sie hocherfreut zurück.

Der heilige Mann war spurlos verschwunden, aber noch in dieser Nacht sahen ihn alle Bewohner Chupursans in ihren

Träumen. Er sprach zu ihnen: »Ich habe den Drachen für euch aus der Welt geschafft. Falls ihr zu einem anderen Zeitpunkt meine Hilfe benötigt, ruft nach mir. Mein Name ist Baba Ghundi. Ich bin der 5. Imam.«

Damals lebten die Leute in Frieden, und der Wohlstand stieg ihnen zu Kopf. Eines Tages kamen sie auf die Idee, den alten Mann zu rufen, der in ihren Träumen erschienen war. Sie wollten sehen, ob er sein Versprechen ernst gemeint hatte. So erhoben sie Wehklage und riefen seinen Namen.

Es dauerte nicht lange, da kam der alte Mann in grüner Kleidung, mit einer Lanze in der Hand herbeigeritten. Er durchsuchte ganz Chupursan von Irshad bis hinunter nach Raminj, konnte aber nichts Auffälliges entdecken.

Am nächsten Tag trieben die Bewohner Chupursans dasselbe Spiel. Sie machten sich einen Sport daraus, nach ihm zu rufen. Wieder erschien er unverzüglich, aber es gab weder einen feindlichen Angriff noch sonst irgendwelche Schwierigkeiten zu beheben. Dreimal führten sie ihn an der Nase herum. Dann schlüpfte er in die Haut eines armen Mannes. Die Leute machten sich über ihn lustig und bewarfen ihn johlend mit Erde und Asche. Da packte ihn die Wut. Er verfluchte sie und beschloß, sie zu vernichten.

Er ging zunächst zu dem Haus einer alten Frau, welche nichts besaß außer einem Schaf, das gerade gelammt hatte. Sie molk es für ihn und nahm die Milch in einer Schale zur Tür, um ihn willkommen zu heißen. Er segnete sie und sagte: »Oh Großmutter, Gott sei mit dir. Verlasse dein Haus morgen früh unter keinen Umständen. Sieh dir vom Dach aus an, was geschehen wird. Falls du irgendwelche Habseligkeiten in den Nachbarhäusern hast, hole sie ab. Laß nichts draußen liegen.« Mit diesen Worten verschwand er vor den Augen der alten Frau.

Am nächsten Tag stand plötzlich ganz Chupursan auf dem Kopf. Eine große Überschwemmung riß alle Einwohner mit sich. Der heilige Mann, der mit seiner Lanze in der Hand auf der Schlammflut ritt, näherte sich dem Haus der alten Frau.

Es war als einziges verschont geblieben. Die alte Frau suchte gerade nach einem Sieb, als sie es mit der Flut davonschwimmen sah. Das rief sie dem alten Mann zu, und er fischte es mit seiner Lanze heraus.
Das Land, auf dem das Haus der alten Frau steht, heißt Kampire Dior, und auch heute noch sind Ruinen der Ansiedlung zu sehen.
Der Name des heiligen Mannes war Baba Ghundi Merd Wali. Ein Schrein wurde nach ihm benannt. Man erzählt, daß der Heilige als erstes in Ghund im Wakhan in Erscheinung trat. Aus diesem Grund nannten sie ihn Baba Ghundi. Einige sagen, er war der 5. Imam. Sein eigentlicher Name ist Muhammad Baqir.
An einem bestimmten Platz in Chupursan fand man das in Stein geritzte Muster seiner bestickten Pferdedecke. Es ist heute noch dort zu sehen. An anderen Orten existieren ein versteinerter Huf und Sattel seines Pferdes, sein Gebetsteppich als flacher Stein und der Abdruck seiner geöffneten Hand, welcher Panja i Shah genannt wird.
Das ist alles, was es darüber zu erzählen gibt.

21. *Der Schrein von Shams-i Din*

Als Mamusin aus Hunza nach Markhun kam, verliebte er sich dort in eine Frau. Er hielt um ihre Hand an, und sie heirateten.
Als er zu diesem Zweck den Karun-Paß bestieg, sah er Lupgar im Shimshaltal liegen. Er ging weiter bis Langar und begann dort, Land zu kultivieren. Oberhalb fand er ein weiteres Stück Land, das früher auf zwei Ebenen bebaut worden war, aber nun brach lag. Er untersuchte den Kopf des Kanals, der das Feld bewässert hatte, und sah, daß die Schleuse beschädigt war. Mamusin reparierte sie, und das Wasser gelangte zu den Feldern. Nun konnte er Gerste aussäen. Nachdem er

9 *Chuk* Getreide geerntet hatte, holte er seine Frau von Murkhun nach Shimshal. Bei ihrer Ankunft beklagte sie sich bitterlich: »Warum hast du mich von meinen Eltern getrennt und in dieses enge Tal gebracht?« Sie weigerte sich von da an, weiterhin mit ihm zu sprechen.
Eines Tages, als Mamusin auf den Feldern arbeitete, war seine Frau allein im Haus und kochte gerade Schafsmilch, da kam ein heiliger Mann mit einer Lanze in der Hand vorbei. Nachdem ihm die Frau ehrerbietig einen Becher Milch angeboten hatte, hielt der Heilige seine Lanze in den Topf und sagte: »Gehorche meinem Befehl und sprich wieder mit deinem Ehemann! Und mögest du gesegnet sein und die Milch nimmer aufhören zu fließen«, und er verschwand. Der Topf, erzählen sie, wurde voll bis zum Rand ohne fremde Hilfe. Daraufhin lief die Frau aus dem Haus und rief Mamusin. Dieser war erstaunt und überlegte: »Was für ein Wunder ist heute geschehen? Seit so langer Zeit hat sie nicht zu mir gesprochen.« Er eilte zu ihr. Sie begrüßte ihn und erzählte von dem heiligen Mann. Sie lebten anschließend glücklich und zufrieden miteinander. Alle Gefäße im Haus waren mit Schafsmilch gefüllt. So wird bis auf den heutigen Tag der Überfluß an Milch und Butter in Shimshal erklärt.
Nach einigen Jahren bekamen sie einen Sohn, den sie Sher (Löwe) nannten. Als er herangewachsen war, nahm sein Vater ihn mit zur Jagd. Sie gelangten zu einer Hochweide namens Khus Pamir und begegneten dort Kirgisen, die sie fragten: »Wer seid ihr und was sucht ihr hier?« Die Kirgisen antworteten: »Wer seid ihr? Wir sind Kirgisen und Bewohner dieses Landes. Wir kultivierten Shimshal. Doch nachdem der Kanalkopf verschüttet wurde, mußten wir die Felder aufgeben.« Mamusin entgegnete verwundert: »Shimshal gehört mir seit der Geburt meines Sohnes, der nun schon so groß ist. Ich habe euch dort nie gesehen.« Und sie griffen einander an, aber konnten zu keiner Entscheidung kommen. Deshalb beschlossen sie, den Disput in einem Polospiel zu klären: der Verlierer sollte das Land verlassen.

In dieser Nacht sah Mamusin im Traum den heiligen Mann, der ihnen zu soviel Wohlstand verholfen hatte. Er sagte: »Wenn du oder dein Sohn das Polospiel auf einem Yak bestreitet, dann werdet ihr gewinnen.« Mamusin fragte ihn im Schlaf: »Wer bist du und wo wohnst du?« – »Ich bin Shams«, antwortete der Heilige und nannte ihm den Ort, an dem er lebte.
Am nächsten Morgen trugen sie das Polospiel aus. Die Kirgisen ritten auf Pferden, Mamusin auf einem Yak. Sie benutzten Weidenruten als Tore. Mamusin, andere sagen sein Sohn, gewann das Polospiel, und die Kirgisen überließen ihnen das Ackerland und die Weidegründe von Shimshal.
Als sie nach Hause zurückgekehrt waren, ging Mamusin zu dem Platz, den Shams-i Din ihm im Traum gezeigt hatte, und richtete ihm dort zu Ehren eine Fahne auf.
Heutzutage nennt man den Ort Shahi Shamsate. Er befindet sich oberhalb einer Geröllhalde auf einer hohen Felsklippe.

Senner im Shishpar-Tal

Darunter wurde ein Schrein errichtet mit Steinbockgehörnen und Fahnen. Die Bewohner von Shimshal bringen dort Almosen dar. Sie haben auch eine Hütte gebaut, in der sie Opferbrot backen können. Dieses Haus heißt Langar und ist ein vielbesuchter Rastplatz auf dem Wege von Pasu nach Shimshal.

22. *Saiyid Shah Walis Wundertaten*

Sie erzählen, daß früher ein Mann namens Saiyid Shah mit seiner Frau durch das Ultartal nach Hunza hinuntergekommen war. Die Leute wunderten sich über die Herkunft dieses Mannes: »Wie auch immer er zu uns gelangt sein mag, einen uns bekannten Weg gibt es dort nicht.« Saiyid Shah und seine Frau ließen sich glücklich und zufrieden in Hunza nieder. Saiyid Shah wird nachgesagt, daß er übernatürliche Kräfte besaß. Eines Tages sprach er zu den Leuten: »Oh Männer von Hunza, das Wasser für Baltit fließt spärlich, weil ein *Deu* alles Wasser auftrinkt. Ich werde ihn hervorlocken, aber ihr müßt ihn töten.« Die Leute fürchteten sich jedoch, so daß Saiyid Shah selbst mit einem Gewehr auf den *Deu* schoß, woraufhin ein beträchtlicher Wasserstrahl heraussprudelte. Saiyid Shah sagte zu ihnen: »Wenn ihr den *Deu* erschlagen hättet, wäre viel mehr Wasser herausgekommen. Ich habe nur seinen Zahn getroffen. Die Quelle aber wird euch erhalten bleiben.« Sie heißt bis heute Pfurue Bul, Riedquelle.
Es ist überliefert, daß Saiyid Shah eine gutaussehende Frau hatte, die der *Tham* zu heiraten gedachte. Saiyid Shahs Leben stand auf dem Spiel. So beschloß er, Hunza eiligst zu verlassen und ließ sich auch nicht von den Leuten abhalten, die ihn inbrünstig baten zu bleiben.
Saiyid Shah hatte an einem Ort Gefallen gefunden, der Shikakiants genannt wurde, dem heutigen Astana (Schreinort). Sie erzählen, daß er den Bewohnern dort einige Haare von sich

gab und sie bat, sie da zu begraben. Und er hatte ihnen prophezeit: »Wenn es hier sieben Saiyid-Gräber gibt, wird Hunza aufblühen und keinen Wassermangel mehr leiden.« Danach überquerte Saiyid Shah den Hunzafluß und ging bei Sumaiyar talabwärts. Der Bergrutsch zwischen Shaiyar und Hakuchar war in Bewegung, und als Saiyid Shah ihn erreichte, regnete es Steine. Ein großer Geröllblock löste sich dabei. Saiyid Shah sprach daraufhin ein Stoßgebet, spuckte hinauf und brachte den Stein am Fuße des Abhangs zum Stillstand. Bis heute ist dieser Geröllblock dort zu sehen. Saiyid Shah und seine Frau kamen anschließend nach Thol, wo es ihnen gefiel und sie sich niederließen. Nach einigen Monaten wurde Saiyid Shah krank, und er sagte kurz vor Sonnenuntergang: »Ich werde sterben. Geht und bringt ein Leichentuch für mich aus Hunza und eins aus Nager.« Noch bevor die Sonne untergegangen war, kehrten seine Boten mit einem sauberen, feingesponnenen Tuch aus Hunza zurück. Später erhielt er ein dünnes, nasses Leichentuch aus Nager. Saiyid Shah segnete die Hunzukutz doppelt für ihre treuen Dienste und nahm den Fluch zurück, mit dem er den *Tham* verwünscht hatte. Sie sagen, daß Saiyid Shah als heiliger Mann Gottes die Sonne vom Untergehen abgehalten hatte. Er ließ das Leichentuch über sich breiten und starb.
Zuvor hatte er die Bewohner von Thol gebeten: »Begrabt mich hier«, und zeigte ihnen den dafür vorgesehenen Platz. Bis auf den heutigen Tag ist das von einer Mauer umgebene Grab in Thol erhalten. Bald darauf erfuhren die Bewohner von Ghulmet, was geschehen war, und kamen, um den Leuten von Thol Saiyid Shahs Leichnam wegzunehmen. Da sie in der Überzahl waren, gewannen sie den Kampf und brachten ihn nach Ghulmet, wo sie ihn begruben.
Hunzukutz versuchten einige Jahre später mit Waffengewalt, den Leichnam Saiyid Shahs aus Ghulmet zu entwenden, aber es gelang einem Mann nur, seine Lanze vom Grab zu stehlen und nach Aliabad in die Moschee zu bringen, wo sie immer noch zu finden ist.

23. Der Fehltritt des Buroon-Mädchens

In früheren Zeiten schickte ein Mann der Buroon seine Tochter immer mit der Herde nach Irkishi, um sie dort weiden zu lassen.

Das Mädchen war im heiratsfähigen Alter, aber noch ledig. In Irkishi ließ sie sich mit einem Hirten ein und wurde schwanger. Nach neun Monaten brachte sie dort einen Sohn zur Welt.

Sie nahm ihn mit sich und kehrte nach Hause zurück. Ihre Eltern fragten sie: »Woher hast du das Kind?« Das Mädchen antwortete: »Oh Vater, ich fand es in den Dornbüschen.« Sie glaubten ihr nicht und fuhren sie an: »Du warst es, die diesen Bastard zur Welt gebracht hat. Nun können wir uns wegen dieser Schande nicht mehr aus dem Haus wagen. Sage uns die Wahrheit!«

»Ich habe niemanden getroffen. Nur eines Tages, als ich die Herde nach Irkishi gebracht hatte, wurde ich durstig. Ich fand Regenwasser in einem ausgehöhlten Stein und trank davon. Nun war ein brünftiger Steinbock von Bululo heruntergekommen und hatte zuvor in die Kuhle des Steins uriniert. Sonst habe ich nichts gesehen.«

Sie gaben ihrem Sohn den Namen Bumbedi und glaubten ihr die Geschichte. Daraufhin erzählten sie überall: »Unsere Tochter wurde vom Urin eines brünftigen Steinbocks schwanger. Sie hat sich mit niemandem eingelassen.«

24. Die Vertreibung des Bären aus Chaprot

Früher, so erzählt man sich, kam regelmäßig ein Bär zu den Häusern in Chaprot und vergewaltigte die Frauen. Die Männer des Ortes fürchteten sich vor ihm und wagten sich in kein Haus hinein, in dem der Bär sein Unwesen trieb.
Eines Tages erfuhr ein Mann bei seiner Rückkehr, daß der Bär gekommen war, um sich mit seiner Frau zu vergnügen. Der betrogene Ehemann überlegte verzweifelt, wie er ihr helfen könne. Endlich hatte er eine Idee. Er sprach zu sich: »Ich werde aufs Dach hinaufgehen und den Bären erschrecken.« Dort lehnte er sich über das Rauchloch und rief: »Oh Frau, ist dieser Bär zu dir gekommen? Wenn er dich belästigt, werde ich seinen Kopf mit meinem Penis zweiteilen, und du hast Ruhe vor ihm.«
Der Bär war sehr erschrocken über die Worte des Mannes und ergriff die Flucht. Er dachte: »Ich habe davon gehört, daß Leute mit einem Gewehr oder Schwert erschlagen werden, aber das ist eine furchterregende Sache, von der dieser Mann spricht.«
Er rannte davon und kam nach einiger Zeit zu einem Platz, wo er auf eine alte Frau traf. Sie fragte den Bären: »Oh Bär, was ist dir zugestoßen? Vor wem läufst du davon?« »Ach Großmütterchen«, antwortete er, »geh mir aus dem Weg. Ich habe heute etwas Ungeheuerliches gehört.« Und er erzählte ihr von der Drohung des Mannes.
Die alte Frau nutzte die Gelegenheit, um in dieselbe Kerbe zu schlagen. Sie sagte zu dem Bären: »Was für ein Tag! Möge ich dir zu Diensten stehen. Ich habe nur einen Rat für dich: renne um dein Leben! Ein Mann hat mich vor einiger Zeit mit seinem Penis auf den Kopf getroffen und in zwei Teile gespalten. Ich wurde dadurch zu einer alten Frau. Der Heilungsprozeß begann beim Scheitel und ist soweit gediehen«, und sie hob ihren Rock und zeigte dem Bären ihre Vulva.
Sie berichten, daß er danach nie wieder zu den Häusern der Bewohner von Chaprot kam.

25. Das wortkarge Ehepaar

In früheren Zeiten hatten ein Mann und seine Ehefrau gelernt, ohne viele Worte miteinander auszukommen. Eines Tages erwarteten sie Gäste und bereiteten als Mahl Kopf und Füße einer Ziege zu. Das Mittagessen war gerade fertig, als der Besuch eintraf. Bei ihrer Ankunft sagte der Ehemann zu seiner Frau:

»Treibe die Gäste zur Eile an;
das habe ich dir gesagt.
Höre mir gut zu und
schaue deine Kinder an.«

Daraufhin servierte sie die vier Füße zusammen mit dem Kopf. Den Gästen gab sie die Füße, ihrem Ehemann die Zunge, den Kindern die Augen, und sie behielt die Ohren für sich selbst.
Die Gäste waren sehr verwundert über das stille Einvernehmen. Der Name des Mannes war Shamsher Beg, Sohn des Puyes, und die Frau hieß Ghuno.

26. Der arme Mann aus Rum

In früheren Zeiten, so erzählt man sich, gab es einen Mann im Lande Rum, der eine Frau und zwei Söhne hatte. Der Mann war sehr arm und gebrechlich. Es mangelte ihm an Essen und Kleidung.

Eines Tages sprach er zu sich: »In diesem Land ist es schwierig, meine Frau und Söhne zu ernähren. Ich sollte ins Land Iran gehen, denn sie erzählen, daß der König dort Reisende beköstigt und einkleiden läßt.« Daraufhin beriet er sich mit seiner Frau: »Oh Frau, seit einigen Jahren bis auf den heutigen Tag haben wir Kälte und Hunger gelitten, und es gibt keine Hoffnung auf Besserung. Ich habe sagen hören, daß der König von Iran sehr gütig ist und ein großer Wohltäter der Armen. Deshalb schlage ich dir vor: Laß uns mit unseren Söhnen in den Iran gehen, so daß wir, wenn Gott uns gnädig ist, von diesem König Essen und Kleidung bekommen, dort leben und uns Gott gegenüber dankbar zeigen können.« Dem göttlichen Gesetz folgend war die Frau ihrem Ehemann so ergeben, daß sie niemals von seiner Meinung abwich. Sie war hoch erfreut und sagte zustimmend: »Du sprichst Wahres, oh mein Ehemann, laß uns gehen!«

Sie machten sich auf den Weg in das verheißungsvolle Land. Nachdem sie einige Tage unterwegs waren, erreichten sie die Grenze von Iran. Der König richtete jeden Tag sein Fernrohr vom Palast aus auf die weitentfernte Straße, »damit«, wie er sagte, »arme Reisende, sollten sie von irgendwoher in mein

Land kommen, nicht in Schwierigkeiten geraten.« Als er Ausschau hielt, sah er, daß vier Personen zu Fuß von der Landesgrenze auf den Palast zukamen. Der König befahl: »Sattelt Pferde für diese Wanderer, laßt sie aufsteigen und bringt sie her!« Seine Diener handelten, wie er ihnen aufgetragen hatte und brachten den Mann, seine Frau und die beiden Kinder zum Königspalast.

Der besorgte Herrscher hatte ein Haus für sie herrichten lassen, das mit Lebensmitteln, Gewändern und Betten ausgestattet war. Dort ließen sie sich in Frieden nieder und führten für einige Tage ein sorgenfreies Leben.

Bald darauf sagte die Frau zu ihrem Ehemann: »Oh Ehemann, dank der Güte des Königs leben wir hier in guten Verhältnissen. Deshalb schickt es sich, daß du zum König gehst und ihm zu Diensten stehst.« Der Mann war mit dem Vorschlag seiner Frau einverstanden und ging zum Königspalast. Am Tor waren Wächter. Nach der Begrüßungszeremonie trug er dem Hauptmann sein Anliegen vor: »Verbürge dich für mich und frage den König um Erlaubnis, in der Nacht Wache mit euch halten zu dürfen.« Der Hauptmann holte eine Vollmacht des Königs für ihn ein, und der arme Mann aus Rum gesellte sich zu ihnen.

In der Zwischenzeit war die Nacht hereingebrochen, und als es gegen 10 Uhr gewesen sein mochte, kam die Reihe an ihn, beim Wachdienst auf- und abzulaufen. Er hatte eine Stunde patrouilliert, als er in einiger Entfernung Wehklagen vernahm. Der König hatte es auch gehört und rief zu den Wachen hinunter: »Einer von euch gehe und finde heraus, wer da weint.« Es war eine sehr dunkle Nacht und alle Wachen hatten Angst. Der arme Mann aus Rum legte sein Gewehr nieder und ging aus dem Palast hinaus, um sich zu erkundigen. Er lief in die Richtung, aus der das Weinen kam. Der König folgte ihm heimlich, nachdem er sich an einem Seil von einem Fenster des Palastes heruntergeschwungen hatte. Als der Mann aus Rum zu dem gesuchten Ort kam, fand er heraus, daß drei Frauen in einem Garten weinten. Der

Rumi lauschte und ging dann zu ihnen hin, um sie nach ihrem Kummer zu befragen: »Wie kann ich euch zu Diensten stehen, meine Mütter und Schwestern? Erzählt mir, warum ihr weint.« Der König von Iran lauschte ebenfalls. Aber die Frauen gaben dem Mann aus Rum keine Antwort. Wieder bat er sie inständig: »Ich flehe euch an, sagt mir, warum ihr weint.«

Unter ihnen war eine alte Frau, die sich ihm schließlich zuwandte: »Was hätte es für einen Nutzen, dir davon zu erzählen? Gehe in Frieden dahin zurück, von wo du gekommen bist. Du kannst uns nicht helfen.« – »Nein Mutter«, sagte der Mann aus Rum, »bitte nennt mir den Grund für euer Klagen.« – »Wir weinen«, sagte die Frau, »weil der König von Iran sterben wird. Wir sind seine Beschützerinnen, deshalb trauern wir schon heute um ihn.«

Der Rumi war verzweifelt, als er ihre Worte vernahm, und fragte: »Oh Mutter, erzähle mir das auch, gibt es keine Möglichkeit, durch die der König dem Tod entrinnen kann? Er besitzt große Reichtümer. Wenn er etwas davon opfern würde im Namen Gottes, könnte er dann vielleicht entkommen?« – »Nein«, antwortete die Frau, »er wird nicht entrinnen, indem er etwas von seinem Vermögen abgibt. Es besteht nur die eine Möglichkeit: wenn irgendein Mann seine zwei Söhne noch heute nacht hierher bringen und sie töten würde, dann könnte der König dem Tod entgehen. Andernfalls wird er morgen früh sterben.«

Als der Mann aus Rum diese Nachricht vernommen hatte, begab er sich sogleich auf den Heimweg. Den König von Iran befiel große Trauer. Er hatte jedes Wort verstanden. Schnell eilte er dem Rumi voraus und versteckte sich in der Nähe seines Hauses. In diesem Moment erschien auch der Rumi. Als er zur Tür kam, stellte sich heraus, daß seine Frau sie verriegelt hatte und zu Bett gegangen war. Sie hörte sein Rufen nicht. Deshalb ging er hinauf zu der Öffnung im Dach und rief: »Oh Frau, öffne mir die Tür!« Sie antwortete: »Warum bist du zurückgekommen, ohne dem König gedient zu

haben?« – »Das verhält sich anders. Schließe die Tür auf«, sagte er. Daraufhin ließ sie ihn ein.
Er berichtete von dem bevorstehenden Unglück: »Heute in der Früh wird der König, der uns so gut versorgt hat, sterben. Seine Beschützerinnen weinen um ihn. Ich fragte sie nach einer Möglichkeit, die ihn doch noch retten könne. ›Nur wenn ein Mann seine zwei Söhne opfert, bleibt er am Leben‹, sagten sie. Ich möchte mich mit dir beraten, ob wir unserem Wohltäter nicht helfen können.« Der König lauschte währenddessen am Rauchloch. Er hörte, wie die Ehefrau antwortete: »Heute müssen ich und du und unsere beiden Söhne dem König ein Opfer bringen. Laßt uns vier dort hingehen und uns töten.« Sie weckten ihre Söhne auf, den Älteren und den Jüngeren, und nachdem sie Antimon auf ihre Augen aufgetragen und sie angezogen hatten, nahmen sie sie mit sich zu dem Platz, wo des Königs Beschützerinnen wachten. Der König von Iran folgte ihnen.
Der Rumi ließ seine Frau außerhalb des Gartens warten, nahm seine Söhne bei der Hand und näherte sich den Beschützerinnen. Er begrüßte sie und sagte: »Meine Frau und ich, die wir beide der gleichen Meinung sind, haben diese unsere Söhne gebracht, um sie für den König zu opfern. Die älteste der Beschützerinnen sprach: »Bismillah (im Namen Gottes), Gott ist es zufrieden und wir auch. Töte deinen ältesten Sohn.« Der Vater warf ihn nieder und setzte das Messer an seine Kehle, aber das Messer schnitt nicht. Noch zweimal stach er voller Verzweiflung auf ihn ein, ohne den Sohn zu verletzen. Beim drittenmal ergriff die Wächterin die Hand des Mannes und sagte: »Dieser wurde von Gott angenommen, laß ihn gehen. Töte deinen anderen Sohn.« Der Mann warf ihn ebenfalls nieder, aber auch ihm konnte das Messer nichts anhaben. Da griff die Wächterin wiederum ein und hielt ihn von seinem Vorhaben ab: »Oh gesegneter Mann, dein Wunsch ist in Erfüllung gegangen. Der König ist gerettet. Nun muß er nicht sterben.« Und die anderen Beschützerinnen fügten hinzu: »Nimm deine Söhne und gehe mit

ihnen und deiner Frau in Frieden nach Hause.« So kehrten sie zurück. Der König, der sie überholt hatte, kletterte mit Hilfe des Seils in seinen Palast, und die Beschützerinnen hörten auf zu weinen.

Der Rumi ging nach seiner Rückkehr zum Königspalast und forderte von den Wachposten sein Gewehr. Er begann wieder, auf- und abzumarschieren. In diesem Moment kam der König ans Fenster und rief: »Oh Rumi, bringst du mir Nachricht von dort mit, von wo das Weinen herkam?« – »Oh König«, antwortete er, »ja, ich ging dorthin und bin zurückgekehrt.« – »Wer hat geweint?« fragte der König. »Oh König, einige Leute stritten sich um die Wasserverteilung. Es war ihr Geschrei, das wir hörten. Ich ging und regelte die Angelegenheit für sie, so daß sie sich beruhigten.«

Nachdem der König diese Geschichte gehört hatte, beschloß er, ihr am nächsten Morgen nachzugehen. Er ging in seinen Palast zurück, legte sich nieder und schlief in Frieden ein. Bei Tagesanbruch begab er sich zum Versammlungsplatz. Dort traf er seine *Wazire,* den Ältestenrat und seine Diener. Sie verbeugten sich vor ihm und nahmen ihre Plätze im Gerichtshof ein. Daraufhin sprach der König: »Oh meine *Wazire*, ich hatte heute einen Traum. In diesem Traum weinte eine Gruppe von Frauen. Ich fragte sie: ›Warum weint ihr?‹ Sie sagten: ›Morgen früh wird der König von Iran sterben. Wir sind seine Beschützerinnen und trauern um ihn.‹ Ich flehte sie an: ›Kann der König vielleicht duch Almosengeben gerettet werden?‹ ›Nein‹, sagten sie, ›was er auch immer tun mag, er wird dem Tod nicht entkommen. Nur wenn irgendein Mann zwei oder drei seiner Söhne zu diesem Platz bringen und sie töten würde, dann wird der König verschont. Andernfalls ist er morgen früh tot.‹ So sprachen sie. Falls ihr *Wazire* und Älteren, die ihr von meinem Reichtum lebt, nun heute zwei eurer Söhne opfern würdet, dann kann ich überleben. Ansonsten muß ich sterben. Denkt darüber nach!«

Sofort standen alle *Wazire* und Älteren auf und sagten zum König: »Oh König, unsere Häuser, Ländereien, alles wollen

wir dir zuliebe aufgeben, aber wir können nicht unsere eigenen Söhne töten.« Der König von Iran war über ihre Antwort sehr verärgert und sagte zu dem Mann aus Rum: »Oh Mann aus Rum, gesegnet seist du. Nur vier Tage lang gab ich dir zu essen, und um mich zu retten nahmst du deine beiden geliebten Söhne zu den Beschützerinnen und warst bereit, sie zu töten. Du setztest das Messer an die Kehle, aber auf Gottes Befehl hin fügte es ihnen kein Leid zu. So blieb auch ich am Leben. Heute fragte ich diese *Wazire* und Älteren, die von meinem Reichtum profitieren, und keiner sagte aus vollem Herzen: ›Ich werde meine Söhne für dich hergeben‹, aber du und deine Frau, ihr opfertet einstimmig und ohne zu murren das Leben eurer Söhne mir zu Ehren. Heute mache ich dich deshalb zu meinem Ober-*Wazir*, der über alle anderen *Wazire* des Landes gebietet.«
Dann befahl er seinen Dienern: »Ich habe ein Gewand für diesen Mann aus Rum anfertigen lassen. Holt es aus dem Haus!« Und sie zogen es ihm an. Der König beschenkte ihn mit vielen Ländereien, die frei von jeglichen Abgaben waren. Anschließend lebten der König von Iran und der arme Rumi, der *Wazir* von Iran geworden war, glücklich und zufrieden bis an ihr Lebensende.
Der Erzähler schloß:
»Ich kam, um zu essen und zu trinken.
Die Last hat derjenige zu tragen, der Lügen erzählt hat.
Ich gab nur das weiter, was mir berichtet wurde.«

27. *Die seherischen Fähigkeiten des Buzur Jamhur*

Kubad war König von Madain und Alqash sein *Wazir*. Alqash hatte einen Freund, der Bakht-i-Jamal hieß. Der hatte die Tochter von Jamas Hakim geheiratet und ein heiliges Buch, das Jamasnama, von ihm als ihre Mitgift bekommen. Aber er war nicht in der Lage, darin zu lesen. Es gab einen großen Gelehrten, und Bakht-i-Jamal brachte das Buch zu ihm und bat ihn, es ihm auszulegen. Der Gelehrte schaute sich das heilige Buch an, aber auch für ihn war es unverständlich. Bakht-i-Jamal sagte: »Ich lasse das Jamasnama bei dir. Was soll ich damit anfangen, da ich es nicht verstehen kann?« Und er gab es dem Gelehrten zur Aufbewahrung.

Alqash Wazir und Bakht-i-Jamal waren Busenfreunde. Alqash Wazir pflegte, bevor er den König aufsuchte, zu seinem Freund zu gehen und ihn um Rat zu fragen. So nahe standen sie sich.

Als er ihn eines Tages besuchte, schaute er Bakht-i-Jamal mit traurigem Blick an. »Oh Freund«, sagte Bakht-i-Jamal, »warum siehst du heute so unglücklich aus?« – »Der Tag deines Todes ist gekommen«, antwortete Alqash Wazir.

Da Alqash in der Astrologie bewandert war, fürchtete Bakht-i-Jamal um sein Leben, und er flehte ihn an: »Oh Freund, selbst wenn es wahr ist, was du da sagst, kann ich nicht trotzdem durch eine List dem Tod entkommen?« Alqash antwortete: »Es gibt nur eine Möglichkeit: verlasse 40 Tage lang dein Haus nicht, sprich mit keinem, schaue niemanden an und laß keinen einen Blick auf dich werfen, zu dir sprechen, dich sprechen hören und höre du niemandem zu. Wenn du alles in diesem Zeitraum genau einhältst, wirst du gerettet. Verzählst du dich aber, und sei es nur um einen Tag, so mußt du sterben.« Bakht-i-Jamal war erleichtert. »Oh geliebter Freund, das ist leicht getan. An welchem Tag soll ich beginnen?« – »Bleibe von heute an zu Hause«, antwortete Alqash. »Freund, gib meiner Frau Instruktionen, wie sie mir Lebensmittel und Wasser darreichen soll«, bat Bakht-i-Jamal und holte sie herbei.

»Meine Schwester«, sprach Alqash zu ihr, »höre mir gut zu. Es handelt sich um eine sehr ernste Angelegenheit. Sieh zu, daß mein Freund im Haus bleibt. Halte du dich auf der oberen Veranda auf und hüte dich, hinunterzublicken und mit ihm zu sprechen.« Dann wandte er sich an Bakht-i-Jamal: »Freund, schau nicht nach oben. Bitte deine Frau, dir Essen und Wasser durchs Rauchloch hinunterzulassen. Binde nach den

Laternendach auf dem Baltit-Palast

Mahlzeiten das Geschirr an ein Seil, und sie wird es mit abgewandtem Gesicht wieder heraufziehen. Komm nun und nimm meinen Rat an. Vergiß nicht, die Tage sorgfältig zu zählen.«

Alqash verließ das Haus seines Freundes, schloß die Tür hinter sich und verriegelte sie gut. Er nahm den Schlüssel mit sich nach Hause und begann ebenfalls, die Tage zu zählen, indem er jedesmal einen Kieselstein zur Seite legte. Bakht-i-Jamal schrieb währenddessen: »Ein Tag ist vergangen.« Im Laufe der Zeit sammelte Alqash Wazir 40 Steine, und Bakht-i-Jamal notierte 40 Tage. Aber Gott fügte es, daß sich beide um einen Tag verrechneten.

Alqash nahm die Kieselsteine und ging damit zu Bakht-i-Jamal. Er betrat das Haus und küßte ihm Hände und Füße zur Begrüßung. Dann sprach Alqash: »Oh lieber Freund, 40 Tage sind vergangen. Ist deine Rechnung abgeschlossen?« – »Oh lieber Alqash, du hast mich lange genug auf die Probe gestellt. Heute ist meine Bewährungsfrist um. Ich hielt gerade nach dir Ausschau, weil ich dachte, daß du kommen müßtest.« – »Ich habe mit Kieselsteinen gerechnet«, sagte Alqash. »Nimm die Steine und zähle sie nach.« – »Ich habe die Tage aufgeschrieben, schau dir meine Aufzeichnungen an«, bat Bakht-i-Jamal seinen Freund. Der eine kontrollierte das Geschriebene, und der andere zählte die Steine. »Unsere Rechnungen stimmen überein«, sagte Alqash. »Nun laß uns hinausgehen.«

Bakht-i-Jamal wünschte sich einen langen Spaziergang. Nachdem sie schon eine ganze Weile unterwegs waren, bat er Alqash, auf ihn zu warten, bis er seine Notdurft verrichtet habe. Der *Wazir* setzte sich hin und Bakht-i-Jamal lief auf einen großen Garten zu. Als er dort einen Klumpen Erde herausriß, entstand ein Loch. Er riß einen weiteren Erdklumpen heraus, und eine große Öffnung kam zum Vorschein. Weiter innen wurde eine Tür sichtbar, und der Schlüssel steckte im Schloß. Er öffnete sie und sah zu seinem Erstaunen eine unermeßliche Menge Gold. »Ich bin auf den Schatz von Suleman,

dem Propheten, gestoßen«, dachte er. Er wandte sich von der Tür der Schatzkammer ab und beschloß, seine Entdeckung nicht vor seinem geliebten Freund geheimzuhalten.
Als er zu Alquash zurückkam, rief er ihm schon von weitem zu: »Ich habe einen Goldschatz entdeckt!« und er führte ihn zu dem Versteck. Alqash sah den Reichtum und überlegte nicht lange. Er ergriff Bakht-i-Jamal und schleuderte ihn zu Boden. »Oh Freund«, sagte dieser, »was habe ich dir getan?« – »Ich werde dich töten«, erwiderte Alqash, »damit ich mir dieses Gold allein aneignen kann. Niemand außer mir soll davon erfahren. Dieses Gold ist ein großes Unglück. Wenn der König davon wüßte, würde er uns alle beide umbringen lassen.« – »Oh Freund«, jammerte Bakht-i-Jamal, »töte mich nicht. Das Gold kannst du für dich behalten. Wenn ich dich jemals um ein Gramm davon bitten sollte oder anderen davon erzähle, dann mache mich im nächsten Leben zu deinem Esel.« – »Dummkopf«, erwiderte Alqash. »Das weiß ich besser als du. Wenn man ein Huhn vorsichtig fängt, beginnt es zu schreien. Wenn man es mit Gewalt fängt, schreit es um so mehr. Es ist nicht still, ehe du ihm den Hals umgedreht hast. Solange du am Leben bleibst, wird diese Angelegenheit nicht zur Ruhe kommen.«
Bakht-i-Jamal gab jede Hoffnung auf, ihn umzustimmen, und er sagte: »Es gibt zwei Dinge, die ich dir noch mitteilen möchte. Meine Frau erwartet sehnsüchtig meine Rückkehr. Während der 40 Tage übte sie viel Geduld, aber nun hält sie nach mir Ausschau und denkt: ›mein Ehemann muß jeden Augenblick zurückkommen.‹ Gehe zu ihr und gib ihr 12 *Khar* (72 Rupien) von diesem Gold und richte ihr folgendes aus: ›Dein Ehemann ist mit einem Händler nach Kharuz gegangen.‹ Versichere ihr, daß ich in sechs Monaten zurück sein werde. Bis zu meiner Rückkehr soll sie Essen und Kleidung mit diesem Gold einkaufen. Meine Frau ist schwanger. Sage ihr, daß wenn die Geburt vor meiner Rückkehr stattfindet, sie den Namen selbst aussuchen soll, wenn es ein Mädchen ist. Wenn ihr ein Sohn geboren wird, möge sie ihn Buzur

Jamhur nennen. Es liegt an dir, ob du mir diesen Gefallen tun willst. Ich habe nichts mehr hinzuzufügen.«

Danach führte Alqash Bakht-i-Jamal zu einer Ecke am anderen Ende des Gartens und begann, ein Grab auszuheben. Nachdem er ihn getötet hatte, warf er ihn hinein und füllte das Loch mit Erde auf. Diese stampfte er mit seinen Füßen fest, um alle Spuren zu verwischen. »Dieses Gold gehört nun mir allein«, dachte Alqash Wazir triumphierend. Er rührte es nicht an, sondern verschloß die Tür zur Schatzkammer und hielt seine Entdeckung geheim.

Zu Hause nahm er 12 *Khar* Gold von seinem Vermögen und ging damit zur Frau von Bakht-i-Jamal. Er richtete ihr alles aus, was dieser ihm aufgetragen hatte. Bakht-i-Jamals Frau war hocherfreut und sagte: »Mein Mann hat mir all dies Gold geschickt. Wenn er in sechs Monaten aus Kharuz wiederkommt, wird er mir noch mehr davon mitbringen.«

Einige Zeit verging, und ihre Niederkunft nahte, noch bevor ihr Mann zurückgekehrt war. Ein Sohn wurde ihr geboren, den sie Buzur Jamhur nannte. Sie hatte die Tage seit der Abreise von Bakht-i-Jamal gezählt. Sechs Monate waren schon vergangen, und nach sieben Monaten hatte sie immer noch kein Lebenszeichen von ihm. Als ein ganzes Jahr vorüber war, wunderte sie sich, daß sie nichts über ihren Mann in Erfahrung bringen konnte. Aber sie wartete weiterhin auf ihn. Erst drei Jahre nach der Geburt ihres Sohnes gab sie die Hoffnung auf, ihn je lebend wiederzusehen. Sie konnten sich aber mit dem Gold, das Bakht-i-Jamal durch Alqash Wazir geschickt hatte, über Wasser halten.

Eines Tages wurde Buzur Jamhur von seiner Mutter zum Basar geschickt: »Oh Sohn, du bist ein vernünftiger Junge. Gehe zum Basar und kaufe ein bißchen Mehl. Ich werde dir 1 *Khar* Gold mitgeben.« Im Basar ging er zum *Farach*, dem Schatzmeister des Königs. »As salam ale.ikum, *Farach.*« »Wa ale.ikum salam, mein Junge. Womit kann ich dir dienen?« – »Oh *Farach,* ich habe etwas Gold mitgebracht, um es zu verkaufen. Es wurde mir gesagt, es sei Gold. Prüfe du selbst, ob

es echt ist.« Der *Farach* untersuchte es und war von seinem Reinheitsgrad überzeugt. »Oh *Farach*«, sagte der Junge daraufhin, »wenn dies echtes Gold ist, dann gib mir den angemessenen Wert dafür. Wenn du mich betrügst, wird dich am Jüngsten Gericht die gerechte Strafe ereilen.«
Der *Farach* händigte ihm 10 *Chuk* (120 kg) Weizen aus. »Oh Junge, ich gebe dir diese Menge als den Preis für dein Gold. Ich dulde keinen Streit darüber.« – »Oh *Farach*, ist das alles?« – »Ja, nun trage den Weizen fort. Soviel ist bei meiner Rechnung herausgekommen.« – »Oh *Farach*, sprich die Wahrheit!« – »Worüber soll ich dir Auskunft geben?« – »Hast du diesen Weizen durch ehrliche Arbeit mit deinen Kindern zusammen erworben, oder hast du ihn dir auf unredliche Weise angeeignet? Sei aufrichtig! Wie gelangte er in deinen Besitz?«
»Oh Junge«, anwortete der *Farach*, »was geht dich das an? Ich habe dir das Korn gegeben, du mir das Gold. Wenn du es willst, nimm es mit, ansonsten gebe ich dir das Gold zurück.« – »Ich lasse dich in Ketten legen«, sagte Buzur Jamhur. »Verwendest du den ganzen Weizen des Königs für deine eigenen Zwecke und mein Gold ebenfalls? Ich werde das dem Gerichtshof des Königs melden.« – »Oh Junge, erzähle es nicht weiter. Du hast meine unredliche Absicht erraten. Ich wollte das Gold für mich behalten. Nimm den Weizen und das Gold, das du mir gegeben hast, und sprich mit niemandem darüber. Der König wird mich sonst bestrafen lassen.« – »Wenn du es für rechtmäßig hältst, das Korn des Königs dein Eigentum zu nennen, dann kann ich es auch tun«, sagte Buzur Jamhur und nahm das Gold und den Weizen mit sich nach Hause.
»Oh Sohn«, sagte seine Mutter, »hast du irgendwo einen Basar geplündert, daß du soviel Getreide mitbringst und auch das Gold, das ich dir gab?« – »Nein Mutter, ich habe nur den *Farach* verängstigt, und er gab es mir freiwillig.« Seine Mutter war erfreut, und Buzur Jamhur sprach zu ihr: »Mutter, fülle meinen Magen und iß auch du genügend. Was übrig ist,

gib den anderen. Ich werde dir von nun an in jedem Monat 10 *Chuk* Weizen bringen.«

Am nächsten Tag sagte sie: »Oh Sohn, dein Plan ist gut. Ich werde dir das Gold geben und du gehst damit zum Basar und kaufst ein wenig Fleisch.« Dort suchte er den Verwalter des Königs auf. »As salam ale.ikum, Koch.« – »Wa ale.ikum salam, mein Junge. Was kann ich für dich tun?« – »Ich bringe etwas Gold«, sagte Buzur Jamhur, »aber ich bin mir nicht ganz sicher, ob es wirklich Gold ist. Schau es dir an und bestimme seinen Wert. Wenn du mir zuwenig dafür gibst, wirst du am Jüngsten Gericht zur Rechenschaft gezogen werden.«

Der Koch gab ihm einen Hammel und sagte: »Ich habe dir den Preis für dein Gold gegeben, nun sind wir quitt.« Buzur Jamhur entgegnete: »Oh Koch, sage mir die Wahrheit: gehört dir dieses Schaf? Hast du es selbst aufgezogen? Oder hast du es von einem anderen bekommen?« – »Nun halte den Mund und verschwinde«, schrie der Koch ihn an. »Du gabst mir das Gold und ich dir das Schaf.« – »Warum sollte ich still sein, da du das Tier dem König stahlst. Ich werde dem Gerichtshof Bericht erstatten.« – »Oh Junge«, jammerte der Koch, »ich werde alles für dich tun, aber verrate mich nicht. Der König wird mich und meine Kinder in Ketten legen lassen, wenn er davon erfährt. Nimm dein Gold und das Schaf und komme in einem Monat wieder. Dann werde ich dir ein weiteres Schaf geben.«

Buzur Jamhur kehrte nach Hause zurück und sagte zu seiner Mutter: »Mutter, von nun an bringe ich dir jeden Monat ein Schaf. Laßt uns in Frieden essen.« So lebten sie ohne finanzielle Sorgen.

Eines Tages wurde Buzur Jamhur beauftragt, für seine Mutter Gemüse zu besorgen. Sie gab ihm das Gold, und er machte sich auf die Suche. Im Garten von Alqash Wazir sah er das erwünschte Gemüse und fragte den Oberaufseher: »Oh Gärtner, ich werde dir etwas Gold geben, kannst du mir dafür diesen Korb mit Gemüse füllen?« Der Gärtner war einver-

standen und öffnete die Gartentür. Alqash Wazir stand währenddessen am Fenster seines Hauses und beobachtete sie. Er sah, wie der Gärtner zu einem Gemüsebeet ging und Buzur Jamhur ein Schaf befreite, das an einem Pfahl im Garten angebunden war. Als es begann, Blumen anzuknabbern, fing der Gärtner es ein und band es wieder fest. Buzur Jamhur wiederholte sein Spiel, sobald der Gärtner ihm den Rücken zuwandte. Dieser war so verärgert, das Schaf erneut im Blumenbeet zu finden, daß er es mit einem Spaten erschlug.
Daraufhin sagte Buzur Jamhur: »Dreimal hast du gegen das Gesetz verstoßen.« – »Hier ist nur ein Schaf. Welches sind die beiden anderen Straftaten?« fragte der Gärtner verwundert. »Oh Gärtner«, antwortete Buzur Jamhur, »es sind zwei Junge in seinem Bauch. Das eine ist weiß und das andere schwarz. Das weiße ist ein weibliches Lamm und das schwarze ein männliches.« – »Verflucht sei ihre Mutter«, sagte der Gärtner. Alqash hörte, was der Junge gesagt hatte. Er rief: »Oh Gärtner, bringe den Jungen und das Schaf zu mir.« Buzur Jamhur begrüßte ihn, und Alqash fragte: »Als du ihm sagtest, er habe sich drei Dinge zuschulden kommen lassen, was meintest du damit?« – »Oh *Wazir,* dieses Schaf war trächtig, und es sind zwei Junge in seinem Bauch. Eines ist schwarz und das andere weiß. Das weiße ist ein weibliches und das schwarze ein männliches Lamm.« Alqash befahl dem Gärtner, das Schaf aufzuschneiden. In seinem Inneren befanden sich zwei Lämmer, genauso wie Buzur Jamhur sie beschrieben hatte. Alqash fragte daraufhin den Jungen nach seinem Namen und dem seines Vaters. Als er den Namen Bakht-i-Jamal vernahm, beschloß er, ihn ebenfalls aus der Welt zu schaffen.
Der Sohn des Königs von Habash, der in Alqashs Tochter verliebt war, diente dem *Wazir* und erhielt von ihm den Auftrag: »Saladar, mein Sohn, bringe diesen Jungen fort und töte ihn. Dann röste seine Leber und Nieren und bring sie zu mir. Mache dich sofort auf den Weg!« Saladar nahm Buzur Jamhur mit sich. An dem Platz, an dem er umgebracht werden sollte, fragte dieser: »Oh Saladar, wirst du mich jetzt töten?« –

»Ja, ich habe den Befehl dazu.« – »Wenn du mich tötest, wird Alqash dich ebenfalls umbringen«, gab Buzur Jamhur zu bedenken. Der Diener war verunsichert und dachte: »Nachdem sich seine Prophezeiung über die Lämmer als richtig erwiesen hat, sollte ich seine Warnung ernstnehmen.«
»Wie wirst du dir deinen Herzenswunsch erfüllen können, wenn du mich tötest?« fuhr Buzur Jamhur fort. »Bist du nicht in Alqashs Tochter verliebt?« – »Du hast recht«, gab Saladar zu. »Wenn du mich verschonst, ist Alqashs Tochter in 40 Tagen dein«, versprach Buzur Jamhur. »Aber woher soll ich Leber und Nieren nehmen, um die mich der *Wazir* als Beweis gebeten hat?«
Buzur Jamhur gab ihm das Gold, das er dabeihatte, und sagte: »Sie haben einen jungen Widder zum Basar gebracht, um ihn zu verkaufen. Gib ihnen das Gold und bring ihn her.« – »Oh Buzur Jamhur«, entgegnete Saladar, »wo auch immer ich ein Tier bekomme, es wird nicht nach menschlichem Fleisch schmecken.« – »Oh Saladar, du verstehst nichts von solchen Sachen. Eine Frau erwartete ein Kind, und gleichzeitig war ein Schaf trächtig. Der Frau wurde eine Tochter geboren, das Schaf brachte einen Widder zur Welt. Die Tochter der Frau starb und die Mutter des Widders. Die Frau übertrug die Liebe für ihre Tochter auf das Lämmchen und gab ihm ihre Milch. Als es groß wurde, fütterte sie es auch mit Brot. So hatte es menschliche Milch getrunken und Brot gegessen. Dieses Lamm haben sie zum Basar gebracht. Geh jetzt schnell und kaufe es!«
Saladar brachte das Lamm zu Buzur Jamhur, der ihn bat, es zu schlachten und seine Leber und Nieren zu rösten. »Bringe sie Alqash. Später wird er dich einmal zu meinem Haus schicken. Laß dir nichts anmerken und folge seinem Befehl.« Mit diesen Worten verabschiedete sich Buzur Jamhur und ging nach Hause zurück.
Saladar setzte Alqash Leber und Nieren vor. Dieser aß sie und sagte: »Das war mein Feind. Nun habe ich ihn ebenso wie seinen Vater getötet, da er von dem Goldfund gewußt haben

muß.« Nachdem diese Gefahr aus dem Wege geräumt war, lebte Alqash in großer Zufriedenheit.

Zu Hause wurde Buzur Jamhur von seiner Mutter gefragt, warum er kein Gemüse mitgebracht habe. Er erzählte ihr, wie er nur knapp dem Tode durch Alqash Wazirs Hand entkommen war. »Wie sollte ich unter diesen Umständen Gemüse mitbringen?« fragte er sie.

Buzur Jamhur wurde von seiner Mutter zum Studieren angehalten. Ein Gelehrter unterrichtete ihn. In drei oder vier Tagen erschöpfte er all das Wissen, das dieser Gelehrte hatte. Er war sehr verwundert über die schnelle Auffassungsgabe von Buzur Jamhur. »Oh Buzur Jamhur«, sagte der Weise, »ich habe ein schwieriges Buch, das ich nicht lesen kann. Willst du es dir ansehen?« Der Gelehrte brachte es ihm, und Buzur Jamhur fragte: »Oh Gelehrter, willst du es mir ausleihen? Ich möchte in Ruhe darin lesen.« – »Das Buch ist dein Eigentum«, antwortete der alte Mann. »Es gehörte dem Vater deiner Mutter. Er hatte es ihr als Mitgift gegeben, aber weder dein Vater noch ich konnten es entziffern. Ich bewahrte es seither für ihn auf.«

Buzur Jamhur berührte es mit seinen Fingern, küßte es und nahm es mit nach Hause. Nachdem er darin gelesen hatte, schloß er es und begann zu weinen. Seine Mutter weinte mit ihm. Dann schlug er das Buch wieder auf und las weiter. Diesmal brachte es ihn zum Lachen. Seine Mutter wurde von seiner Fröhlichkeit angesteckt. Er setzte seine Lektüre fort, bis sie ihn zum Tanzen reizte. »Oh Sohn«, fragte seine Mutter, »bist du verrückt geworden?« – »Nein Mutter, ich bin bei gutem Verstand.« – »Zuerst weinst du, dann lachst du und anschließend fängst du an zu tanzen. Was soll das bedeuten?«

»Mutter, höre mir gut zu. Alqash Wazir ermordete meinen Vater. Ich erfuhr das in diesem Buch. Aus Kummer um meinen Vater weinte ich.« – »Du sprichst die Wahrheit, oh mein Sohn. Er nahm deinen Vater auf einen Spaziergang mit sich. Danach verschwand er.« – »Mutter, dann lache ich aus folgendem Grund: Ich werde Alqash mit Pferdegeschirr versehen, auf ihm reiten und an dem Ort, an dem er meinen Vater umbrachte, werde ich Alqash Wazir töten. Ich werde die Gebeine meines Vaters ausgraben und ein Grab anlegen.« – »Oh Sohn, sage so etwas nicht. Es ist schwierig, Alqash Wazir zu fassen zu bekommen. Wie willst du, ein Waisenkind, in der Lage sein, ihn zu töten? Er wird eher dich umbringen. Sprich mit niemandem darüber.« – »Mutter, sei beruhigt. In diesem Buch steht, daß er nicht mich, sondern ich ihn umbringen werde.«

Nun hatte Kubad, der König von Madain, einen Traum, aber er vergaß ihn wieder. Deshalb ließ er Alqash Wazir rufen, damit er ihm den Inhalt seines Traumes erzähle. »Oh König, du hattest den Traum, wie kann ich davon wissen?« entgegnete der *Wazir.* »Du Schurke«, sagte der König. »Ich werde deinen Kopf abschlagen und beim Tor aufhängen lassen, wenn du mir nicht weiterhilfst. Außerdem hast du einen Großteil meines Vermögens an dich gerissen.« Alqash Wazir bekam es mit der Angst zu tun und flehte den König an: »Oh König, lasse die Angelegenheit zwei oder drei Tage lang ruhen. Ich werde in der Zwischenzeit versuchen, die Geschichte deines Traumes in Erfahrung zu bringen.« Der König gab ihm einen Monat Bedenkzeit und versprach ihm eine große Belohnung, wenn er erfolgreich wäre.

Alqash Wazir ging nach Hause und rief Saladar zu sich. »Oh Saladar«, sagte er, »ich gab dir einen Jungen mit und befahl dir, ihn zu töten. Wohin hast du ihn gebracht?« – »*Wazir*, gabst du mir nicht den Auftrag, ihn zu töten und seine Leber und Nieren zu rösten? Brachte ich sie dir nicht selbst, und aßest du sie nicht? Wo soll er also sein?« – »Oh Saladar, wenn du ihn getötet hast, werde ich dich ebenfalls umbringen.« – »Ich habe ihn nicht getötet«, gestand Saladar. Der *Wazir* sagte: »Da hast du noch einmal Glück gehabt. Nun erzähle mir aber, warum du ihn nicht getötet hast, obwohl ich es dir aufgetragen habe. Woher stammten Leber und Nieren?« Saladar berichtete über alles, was sich an diesem Tage zugetragen hatte.

Der *Wazir* schickte ihn anschließend zu Buzur Jamhurs Haus. »Oh Buzur Jamhur, der *Wazir* befiehlt dir zu kommen.« Buzur Jamhur erwiderte: »Ich sagte dir, daß du eines Tages zu mir zurückkommst. Laß uns gehen.« Und beide machten sich auf den Weg zu Alqash Wazir. Dieser stand auf, um Buzur Jamhur zu empfangen und ließ ihn Platz nehmen. Dann sagte er: »Oh Buzur Jamhur, ich habe dir Unrecht getan. Vergib mir.» – «Oh *Wazir*, die Mächtigen tun solche Dinge. Es macht nichts.« – »Wenn jemand einen Traum hat und ihn vergißt«, fragte ihn der *Wazir,* »kannst du ihn auslegen?« – »Ja, das steht in meinen Kräften.« – »Oh Buzur Jamhur, ich werde dir jeden Wunsch erfüllen, wenn du mir des Königs Traum erzählst, den er anschließend vergaß.« Buzur Jamhur entgegnete: »Ein Traum offenbart sich mir nur, wenn ich das Gesicht der betreffenden Person vor mir habe.« – »Oh Buzur Jamhur, wenn ich dem König deinen Namen nenne, wirst du zu ihm gehen, wenn er dich rufen läßt?« Buzur Jamhur versprach es ihm.

Der *Wazir* wandte sich an den König. Dieser fragte ihn, ob er die Geschichte seines Traumes erfahren habe. »Ja König.« – »Dann erzähle sie mir.« – »Oh König, nur Bakht-i-Jamals Sohn, Buzur Jamhur, wird dazu in der Lage sein. Aber er ist schlecht auf mich zu sprechen. Schicke du selbst einen Boten, um ihn holen zu lassen.«

Ein Mann ging zu Buzur Jamhur und richtete des Königs Befehl aus. »Wer bist du?« fragte Buzur Jamhur. »Ich bin ein Diener.« – »Dann gehe deiner Aufgabe nach. Sage dem König, daß ich nichts von ihm will und nicht beabsichtige, zu ihm zu kommen. Warum sollte ich zu Fuß zu ihm gehen? Sage ihm das.«

Der Diener kehrte zum König zurück und wiederholte Buzur Jamhurs Worte. »Was er sagt stimmt«, versicherte der König. Und er ließ seinem eigenen Pferd goldene Zügel, einen goldenen Sattel, sowie ein komplettes Pferdegeschirr anlegen und sandte es mit seinem Stallburschen zu Buzur Jamhur. Der klopfte an seine Haustür und rief: »Oh Buzur

Jamhur, der König hat dir sein eigenes Reitpferd geschickt. Besteige es und komme mit mir.« – »Oh Stallknecht, ich habe dieses Pferd nie geritten. Wenn es mich abwirft und ich mir etwas breche, was habe ich davon? Sage ihm, ich werde so nicht zu ihm kommen.«
Der Stallbursche kehrte unverrichteter Dinge zum König zurück und erzählte ihm von Buzur Jamhurs Einwänden. »Was er sagt, ist wahr«, sprach der König. Und er ließ seine Sänfte auf einem Elefanten anbringen, den sie zu Buzur Jamhur brachten. Aber dieser war damit auch nicht umzustimmen. »Oh Elefantenpfleger, sagt dem König: ›Das Pferd, das du zuerst schicktest, war klein. Nun hast du ein noch größeres Tier für meinen Transport vorgesehen. Wenn der Elefant mich mit seinem Rüssel ergreift und herunterwirft, wird er mich töten. Darauf kann ich mich nicht einlassen.‹ Nehmt ihn wieder mit.«
Sie brachten ihn zum König zurück und erklärten ihm, warum Buzur Jamhur sich wieder geweigert hatte aufzusteigen. »Er hat recht«, sagte der König. »Nehmt die Reisesänfte, setzt ihn hinein und bringt ihn her.« Sie taten, wie ihnen aufgetragen, und sagten zu Buzur Jamhur: »Wir setzen dich in diese Sänfte und tragen dich.« – »Bin ich eine Frau oder habe ich mir etwas gebrochen, daß ihr mich in einer Sänfte befördern wollt?« entrüstete sich Buzur Jamhur. »Sagt dem König, er sei ein großer Dummkopf. So erreicht er nichts.«
Sie gingen zum Königshof zurück, und der König hatte wiederum Verständis für Buzur Jamhurs Ablehnung. »Ich habe etwas Dummes getan. Sagt diesmal zu ihm: ›Komme, wie es dir am besten gefällt.‹« Und er schickte einen Boten zu ihm. Dieser ging zu Buzur Jamhur und überbrachte des Königs Worte. »Das ist mir ein Vergnügen«, sagte Buzur Jamhur. »Legt Alqash Wazir Pferdegeschirr an, sattelt ihn, hängt eine Peitsche an den Sattelknauf und bringt ihn zu mir. Ihn werde ich dann besteigen.«
Der König gab Befehl, Alqash zu satteln, und sie führten ihn so zu Buzur Jamhurs Haus. Dieser stieg auf Alqash Wazir,

nahm die Peitsche und ließ sie auf sein Handgelenk niedersausen, so daß ein Riß entstand. Alqash Wazir trug Buzur Jamhur auf allen Vieren zum Königshof. Er ging hinein und nahm den Platz des *Wazir* ein. Alqash ließ er stehen, wie er war, ohne ihm den Sattel abzunehmen.
Der König bat Buzur Jamhur, ihm seinen Traum zu deuten. »Oh König, ich erzähle dir anschließend etwas über deinen Traum. Zuerst habe ich einen Prozeß zu führen«, sagte Buzur Jamhur. »Wie lautet deine Anklage?« fragte der König. »Dieser Schuft, Alqash Wazir, ist der Mörder meines Vaters.«
Der König versammelte seine Richter und sagte: »Was ihr auch immer herausfinden möget, entscheidet für Buzur Jamhur. Er behauptet, Alqash habe seinen Vater umgebracht.«
Der Oberste Richter stand auf, um den Fall zu klären. »Oh Buzur Jamhur«, sagte er, »sprich die Wahrheit. Du suchst Gerechtigkeit? Niemand weiß etwas darüber, ob dein Vater starb oder vor deiner Geburt verschollen ist. Bringe diejenigen als Zeugen, die dir davon erzählten. Wir werden mit ihrer Hilfe den Streit beilegen.«
»Kanntet ihr oder kanntet ihr nicht meinen Vater?« sagte Buzur Jamhur. »Er ist uns allen bekannt«, antwortete der Richter. »Hatte nicht mein Vater Goldringe mit seinem Namen eingraviert? Trug er sie nicht an allen seinen zehn Fingern?« – »Was du sagst, stimmt. Du sprichst wie einer, der sie gesehen hat.« – »Ich werde Alqash zu dem Platz bringen, an dem er meinen Vater ermordet hat, und solange graben, bis ich die Gebeine meines Vaters finde. Und auf den Fingerknochen werden seine Ringe stecken. Wenn ich sie euch zeige, werdet ihr mir dann glauben?« »Wenn alles das eintrifft, was du sagst, dann gibt es keinen wie dich«, antwortete der Richter. »Wie sollten wir dir dann nicht glauben?«
Buzur Jamhur führte sie zu dem Platz, an dem er seinen ermordeten Vater vermutete, und ließ sie dort graben. Sie räumten die Erde zur Seite, und Knochen kamen zum Vorschein. Als sie nach den Ringen suchten, fanden sie alle zehn und den Namen Bakht-i-Jamal eingraviert. »Oh Richter«,

fragte Buzur Jamhur, »sind das die Ringe meines Vaters oder nicht?« – »Oh Buzur Jamhur«, antwortete der Oberste Richter, »es gab noch keinen wie dich. Dies sind die Ringe deines Vaters. Du hast die Wahrheit gesprochen. Alqash hat deinen Vater umgebracht.« – »Errichtet eine für alle sichtbare Gedenkstätte«, sagte Buzur Jamhur, »und begrabt die Gebeine meines Vaters darin.« Sie entsprachen seinem Wunsch.

Dann kehrten sie zum König zurück, und er fragte: »Ist es wahr, was Buzur Jamhur sagte oder erzählt er Lügen?« Der Oberste Richter legte Zeugnis von seiner Aufrichtigkeit ab. Der König forderte ihn auf, Recht zu sprechen. Dieser fragte Buzur Jamhur nach dem Tathergang: »Oh Buzur Jamhur, sprich die Wahrheit. Als Alqash deinen Vater ermordete, nahm er da jemanden zur Hilfe mit?« – »Oh Richter«, antwortete Buzur Jamhur, »darüber kann ich dir Auskunft geben. Alqash war dabei alleine. Er tötete ihn mit einem einzigen Schlag, und er selbst warf Erde auf ihn, nachdem er in der Grube lag, trat sie mit seinen Füßen fest und ließ es so aussehen, als ob nichts geschehen sei. Nun werde ich ihn nehmen und bei der Grube erschlagen, wo er meinen Vater versteckte.« Der König ließ ihn gewähren, und Buzur Jamhur tötete Alqash Wazir.

Am Königshofe wurde er anschließend von Kubad gefragt: »Ist dein Herzenswunsch nun erfüllt?« – » Ja, König, ich habe mein Ziel erreicht.« – »Dann kannst du mir jetzt von meinem Traum berichten.« – »Ist in deinem Traum schmackhaftes Essen vor dir erschienen?« fragte Buzur Jamhur. »Oh Brüder«, sagte daraufhin der König, »er erzählt meinen Traum.« – »Kam ein großes Verlangen über dich, das Essen zu verspeisen?« fragte Buzur Jamhur weiter. »Ja, ich hatte großen Appetit darauf.« – »Hatte ein schwarzer Hund seine Pfote ins Essen getaucht? Da du das ekelhaft fandest, mußtest du dich anschließend übergeben?« – »Oh Buzur Jamhur«, sagte der König, »du bist einzigartig! Du erzählst mir alles genauso, wie ich es im Traum gesehen habe. Jetzt erinnere ich mich wieder daran, aber ich kenne die Bedeutung der Vision nicht. Erkläre sie mir.«

»Oh König, weißt du wirklich nicht, was das alles bedeutet? Gut, ich werde dir den Traum auslegen, jedoch nicht in dieser öffentlichen Versammlung, sondern nur, wenn wir alleine sind.«

Der König zog sich mit Buzur Jamhur in seinen Palast zurück. Dieser erläuterte ihm, was es mit dem wohlriechenden Essen auf sich hatte. Er fragte: »Hast du nicht die Tochter des Königs von Habash geheiratet? Sie war das schmackhafte Essen. Aber sie hat sich einen Freund mitgebracht aus der Stadt ihres Vaters, und sie vergnügt sich in deiner Abwesenheit mit ihm.« – »Wo ist er in diesem Augenblick?« fragte der König. »Er versteckt sich gerade in der Schatzkammer deiner Frau.« Der König wollte sich vergewissern. Er öffnete die Tür der Schatzkammer und sah, daß ihr Liebhaber darin war. Er stellte ihn zur Rede und führte ihn dann dem Gericht vor. Der König sagte zu den Richtern: »Ich bin König, und diese meine Frau hat sich einen Geliebten mitgebracht. Urteilt ihr über diesen Sachverhalt.« – »Ich werde Recht sprechen«, sagte der Oberste Richter. »Oh König, töte diese Ehebrecher nicht. Lasse sie zu einem verlassenen Platz bringen, einen Baumstamm spalten und ihre Hände darin einspannen. Das ist mein Urteil«, sagte der Oberste Richter. Sie brachten die Verurteilten in die Wüste, steckten ihre Hände in den gespaltenen Baumstamm, zogen die Keile heraus und ließen sie dort zurück. Der König setzte Buzur Jamhur als seinen neuen *Wazir* ein.

Einige Jahre vergingen, und eines Tages feierten sie am Königshof die Geburt eines Prinzen. »Oh Buzur Jamhur«, sagte der König, »du weißt so viele Dinge. Ist dieser mein Sohn zum Guten oder zum Schlechten geboren?« – »Höre zu, König, ich werde es dir sagen. Er wurde in einem glücklichen Augenblick unter einem guten Stern geboren. Sieben Könige werden ihm untertan sein. Er wird viertausend Diener haben. Fünftausend Mann werden ihn bewachen. Außerdem wird er ein Zelt mit tausend goldenen Stangen sein eigen nennen. Seine Krone wird ganz aus Samt sein, seine Teppiche aus Goldbrokat. Über seiner Tür werden Ketten hängen, die seine Gerechtigkeitsliebe zeigen. Man wird ihn Nushirwan, den Gerechten nennen.«

Er hatte seine Rede gerade beendet, da erfuhren sie, daß der Berater des Königs Bakhtiar auch einen Sohn bekommen hatte. »Unter welchem Stern wurde er geboren?« fragte der König. »Er kam sehr wissend zur Welt und wird als Gauner enden. Außerdem ist er der zukünftige *Wazir* deines Sohnes. Er wird Bakhtek heißen«, antwortete Buzur Jamhur auf die Frage nach seinem Namen.

Danach gratulierten sie Buzur Jamhur zur Geburt seines eigenen Sohnes, den er Sia.okhash nannte. Alle diese drei Knaben wurden zur gleichen Zeit geboren.

Zwanzig Jahre waren seit seiner Geburt vergangen, als Nushirwan Padsha volljährig wurde. Der König sprach zu Buzur Jamhur: »Alle Merkmale, von denen du bei seiner Geburt sprachst, sind bei meinem Sohn offensichtlich geworden. Kannst du mir sagen, ob er Feinde hat?« – »Es wird einen Feind geben«, prophezeite Buzur Jamhur. »Er wurde gerade gezeugt. Er wird Hamza heißen und der Sohn von Abdul Mutalib aus Arabien sein.« – »Ich befehle dir, dich dorthin aufzumachen und alle schwangeren Frauen zu töten«, sagte der König voller Zorn. Er ließ eintausendzweihundert Kamele mit Gold beladen und gab sie Buzur Jamhur auf die Reise mit.

Die Nachricht von seiner Ankunft eilte Buzur Jamhur voraus: »Ein großer König hat einen berühmten und weisen Mann geschickt, um unsere Frauen zu töten.« Die Leute waren sehr beunruhigt, als sie das hörten, aber Abdul Mutalib forderte sie auf: »Oh Gemeinschaft des Islam, ihr, die ihr Gott dient, laßt uns ihm entgegengehen.«

Als sie Buzur Jamhur kommen sahen, stieg Abdul Mutalib von seinem Pferd, und sie begrüßten einander. Buzur Jamhur fragte: »Oh Abdul Mutalib, wovor hast du Angst, daß du keine Farbe im Gesicht hast? Fürchte dich nicht, Gutes, nicht Böses wird durch mich geschehen. Ich werde dir Gefälligkeiten erweisen.« Sie wurden sehr froh und führten ihn nach Arabien. Dort setzten sie ihn mit großen Ehren ein und lebten selbst glücklich und zufrieden.

Nachdem Buzur Jamhur einen Monat im Land verweilt hatte, wurde Abdul Mutalib, dem Propheten, ein Sohn geboren. Buzur Jamhur ließ ihn rufen und sagte: »Oh Abdul Mutalib, bringe mir deinen Sohn.« Dieser holte ihn und legte das Kind in die Hände von Buzur Jamhur, der seine Augen, seine Stirn und alle Gelenke küßte. Die Leute, die dort versammelt waren, fragten ihn verwundert: »Oh Buzur Jamhur, warum ehrst du, der du so weise und berühmt bist, dieses kleine Kind?«

»Hört zu!« sagte er. »Ich werde euch die Tugenden dieses Kindes nennen: Unten auf seiner rechten Backe ist die Linie der Bani Hashim zu erkennen, und zwischen seinen Augenbrauen befindet sich ein Mal. Solche wie dieses Kind gehören zur Familie des Propheten Abraham. Deshalb verehre ich es so. Es wird mächtige Könige aus Ost und West entthronen und ins Grab bringen. Es wird den Islam verbreiten, denn es wurde als Säule des Islams geboren.« Nach diesen Worten gab er Abdul Mutalib ein Geschenk von eintausendeinhundert Kamelladungen Gold. »Dieser dein Sohn«, sprach er, »ist dein Sohn und auch mein Sohn. Eines Tages wird er mich auch begünstigen. Verwende das Gold für eine gute Erziehung.«

Ein Mann blickte währenddessen aus einiger Entfernung auf Buzur Jamhur. Er trug etwas an seiner Brust, und Buzur Jamhur erkundigte sich nach ihm. »Oh Buzur Jamhur«, sagte Abdul Mutalib, »er gehört dem Islam an. Er hat denselben Glauben wie ich.« Buzur Jamhur ließ ihn kommen und fragte: »Warum betrachtest du mich aus der Ferne?« – »Möge ich dir zu Diensten stehen«, antwortete der Mann. »An dem Tage, an dem der Sohn des Propheten geboren wurde, bekam ich auch einen Sohn. Ich habe ihn mitgebracht.« Der Mann gab ihm das Kind, und Buzur Jamhur küßte auch seine Gelenke. Alle waren verwundert: »Oh Buzur Jamhur, es war richtig und angemessen, daß du das Kind des Propheten ehrtest. Aber dies ist ein Sohn des gemeinen Volkes. Warum behandelst du ihn nicht dementsprechend?« Er antwortete: »Hört zu, ich werde euch seine Tugenden sagen. Dieses Kind wird von allen tapferen Kriegern mit langen Bärten die Entrichtung einer Abgabe verlangen. Es wird alle Tempel mit Götzenbildern in Brand stecken. Es wurde geboren, um dem Sohn des Propheten als *Wazir* zu dienen. Was auch immer der Sohn des Propheten sagt, er wird es ausführen. Er wird seinem Geheiß Folge leisten.«

Buzur Jamhur schlug sein Quartier im Lande Arabien auf. Er dachte: »Kubad schickte mich hierher, um die Wurzeln der Feindschaft gegenüber seinem Sohn auszureißen. Ich gab ihnen dagegen Geschenke. Nun bin ich es nicht mehr würdig, in mein eigenes Land zurückzukehren.«

Nachdem er drei Jahre in der Fremde zugebracht hatte, schickte sein Sohn ihm eine Nachricht: »Oh mein Vater, es gibt keinen wie dich. Kubad hat diese Welt verlassen. Nushirwan folgte ihm auf den Thron, und Bakhtek wurde sein *Wazir.* Er fällte ungerechte Urteile und unterdrückte sein Volk. Das Land ist ruiniert. Wenn dich mein Brief nachts erreicht, so breche noch in derselben Nacht auf. Wenn er tagsüber eintrifft, komme am selben Tag.«

Buzur Jamhur sprach zu Abdul Mutalib: »Ich werde in mein eigenes Land zurückkehren«, woraufhin dieser antwortete: »Oh Buzur Jamhur, es gibt keinen über dir, der zu dir sagen kann: ›geh‹. Genausowenig kann dir jemand den Befehl geben, zu bleiben. Nur du kannst entscheiden, zu gehen oder zu bleiben.« – »Ich muß gehen«, sagte Buzur Jamhur. »Gott sei mit dir«, sprach Abdul Mutalib.

Buzur Jamhur machte sich auf die Heimreise. Nushirwan, der König, hörte davon. »Ich werde gehen, um ihn zu empfangen«, sagte er und ließ Bakhtek Wazir kommen. Er fragte ihn, ob seine Entscheidung richtig sei. »Oh König, gehe du, der du so ein großer König bist, doch ihm nicht entgegen. Er ist eine unwichtige Person.« – »Oh du Schuft!« sagte Nushirwan, »mein Vater sagte zu mir: ›Ich habe Buzur Jamhur fortgesandt, um gegen deine Feinde anzugehen. Er wird diese Aufgabe erfüllen. Wenn er wiederkommt, gehe und empfange ihn. Er ist ein berühmter Mann und sehr weise.‹ Ich werde seinen Worten Folge leisten.« Bakhtek hielt es für besser, ihn zu begleiten und informierte die Gefolgschaft.

Der König brach mit seinen Männern auf. Nach einer Weile trafen die beiden Gruppen aufeinander. Nushirwan und Buzur Jamhur stiegen von ihren Pferden ab und küßten einander die Hände. Sie setzten sich, um sich von der langen Reise auszuruhen. Der König saß in der Mitte, Bakhtek zu seiner Rechten und Buzur Jamhur zu seiner Linken. Da gab es plötzlich einige Unruhe, als über ihnen am Himmel Vögel zu streiten begannen. Bakhtek Wazir sagte zum König: »Frage Buzur Jamhur, der die Sprache der Vögel versteht, warum sich die Vögel gegenseitig angreifen.« – »Oh König«, antwortete dieser, »frage mich nicht danach.« – »Wenn du mir den Grund nicht sagst«, erwiderte der König, »dann ist es aus zwischen uns.« – »Oh König«, sagte Buzur Jamhur, »wenn du mir ernsthaft zuhörst, werde ich dir alles darüber erzählen. Bist du dagegen unachtsam, werde ich schweigen.« – »Ich schwöre bei Lat und Manat, daß ich dir mit meinem ganzen Herzen zuhören werde«, versprach der König.

Buzur Jamhur sprach: »Sie verhalten sich so wegen einer Angelegenheit, die über uns beide Schande bringen wird.« Der König überlegte: »Was haben wir Böses getan?« – »Der eine Vogel«, erklärte Buzur Jamhur, »sagt zu dem anderen: ›Gib mir deine Tochter als Frau für meinen Sohn.‹ Er antwortet: ›Warum sollte ich sie dir ohne weiteres geben? Ich verspreche dir meine Tochter nur unter einer Bedingung: Vier Städte sind im Königreich von Nushirwan zerstört worden. Wenn du mir diese Orte zu der Mitgift für meine Tochter dazugibst, ist sie dein.‹ Daraufhin sagte der erste Vogel: ›Dadurch, daß Nushirwan den Thron innehält und Bakhtek

Wazir ist, werden vierzehn weitere Städte zerstört werden. Ich gebe dir diese ebenfalls. Vierundzwanzig Städte werden später dasselbe Schicksal erleiden. Die kannst du auch haben.‹ Oh König, das sagen die Vögel.«

»Oh Buzur Jamhur«, klagte der König, »wenn ich Unrecht getan habe, werden die anderen Könige mich nicht anerkennen. Bist du in der Lage, diesen Makel von mir zu nehmen? Wenn du es mir in diesem Augenblick versprichst, werde ich dich auf den Stuhl von Bakhtek Wazir setzen.« – »Solltest du das wahrmachen«, sagte Buzur Jamhur, »werde ich dir den Beifall von mächtigen Königen zukommen lassen und dir wieder zu einem guten Ruf verhelfen.«

Der König befahl Bakhtek, aufzustehen und übertrug Buzur Jamhur die Aufgaben des *Wazir*-Amtes. Alle wünschten ihm Glück, und sie standen auf und gingen ihres Weges.

Als sie in Madain ankamen, schickte Buzur Jamhur Briefe an alle Länder Nushirwans mit dem folgenden Wortlaut: »Welche Ungerechtigkeiten euch auch immer zugefügt wurden, welche Steuern aufgezwungen, ich, Buzur Jamhur, habe das Amt des *Wazirs* übernommen und werde in Zukunft Gerechtigkeit walten lassen. Ich werde dafür sorgen, daß euch von nun an kein Leid mehr geschieht.«

Danach lebten er und Nushirwan glücklich und zufrieden bis an ihr Lebensende in Madain.

ANHANG

Literaturverzeichnis

Berger, Hermann, Bericht über sprachliche und volkskundliche Forschungen im Hunzatal, in: Anthropos, 55, St. Augustin 1960
Biddulph, John, Tribes of the Hindoo Koosh, Calcutta 1880
Clark, John, Hunza. Lost Kingdom of the Himalayas, London 1956 (nachgedruckt Karachi 1980)
Conway, W. M., Climbing and Exploration in the Karakoram-Himalayas, London 1894
Fairley, Jean, The Lion River, London 1975
Friedl, Erika, Träger medialer Begabung in Hindukusch und Karakorum, Wien 1966
Ghulam Muhammad, Festivals and Folklore of Gilgit, Islamabad 1980
Jettmar, Karl, Die Religionen des Hindukusch, Stuttgart 1975
Keay, John, The Gilgit Game, London 1979
Knight, E. F., Where Three Empires Meet, London 1897
Lorimer, D. L. R., The Supernatural in the Popular Belief of the Gilgit Region, in: Journal of the Royal Asiatic Society, London 1929
Lorimer, D. L. R., The Burushaski Language, 3 Bde., Oslo 1935–38
Lorimer, E. O., Language Hunting in the Karakoram, London 1939
Müller-Stellrecht, Irmtraud, Feste in Dardistan. Darstellung und kulturgeschichtliche Analyse, Wiesbaden 1973
Müller-Stellrecht, Irmtraud, Materialien zur Ethnographie von Dardistan (Pakistan). Aus den nachgelassenen Aufzeichnungen von D. L. R. Lorimer. Teil I: Hunza, Graz 1979
Müller-Stellrecht, Irmtraud, Materialien zur Ethnographie von Dardistan (Pakistan). Aus den nachgelassenen Aufzeichnungen von D. L. R. Lorimer. Teil II: Gilgit, Teil III: Chitral und Yasin, Graz 1980
Paffen, K., Pillewizer, W., Schneider, H.-J., Forschungen im Hunza-Karakorum. Vorläufiger Bericht über die wissenschaftlichen Arbeiten der Deutsch-Österreichischen Himalaya-Karakorum-Expedition 1954, in: Erdkunde, 10, Bonn 1956

Pillewizer, Wolfgang, Zwischen Wüste und Gletschereis. Deutsche Forscher im Karakorum, Gotha 1960
Schaefer, Hermann, Hunza. Ein Volk ohne Krankheit, Düsseldorf/Köln 1978
Schaller, George B., Stones of Silence, London 1980
Schomberg, R. C. F., Between the Oxus and the Indus, London 1935
Stayley, John, Words for my Brother. Travels Between the Hindu Kush and the Himalayas, Karachi 1982
Stephens, Ian, Horned Moon. An Account of a Journey through Pakistan, Kashmir and Afghanistan, London 1953
Uhlig, Helmut, Am Thron der Götter. Abenteuerliche Reisen im Hindukusch und Himalaya, München 1978
Visser, Ph. C., Zwischen Kara-Korum und Hindukusch. Eine Reise nach dem unbekannten Herzen Asiens, Leipzig 1928

Anmerkungen

Der Hauptinformant für die Geschichten, die D. L. R. Lorimer in den Jahren 1923 und 1924 sammelte, war Imam Yar Beg, Sohn des *Wazirs* Humayun Beg. Nur für die Kisersage wird ausdrücklich ein anderer Erzähler genannt: Ali Madat aus Baltit.

1. Quelle: Lorimer, 1935, S. 201–203. – Khurias Bun: Name eines Findlings im Gebiet der Khurukutz, das sich in Baltit zwischen dem Poloplatz und dem Dala-Kanal befindet.

2. Quelle: Lorimer, 1935, S. 187. – Karagadimuts: Aquädukt, durch das Wasser des Barber-Kanals zum Palast des *Mir* geleitet wird. Es befindet sich an der Abzweigung des Weges nach Altit.

3. Quelle: Lorimer, 1935, S. 193–197. – *Thamo:* Pluralis majestatis oder allgemein »Königliche Familie«. – *Bilasho* waren in der Lage, in Felsen einzutreten und wieder herauszukommen, wenn nicht ein Eisenpfahl durchs Gestein getrieben wurde, der aber nicht notwendigerweise in den Körper der *Bilas* eindringen mußte. Eisen besitzt in dieser und anderen Geschichten eine magische Kraft, die sich in Hunza dadurch erklären läßt, daß Eisen lange Zeit rar und kostbar war. Zum Bau von Bewässerungskanälen wurden z. B. Steinbockgehörne verwendet. – »Opfern« im Sinne von: ein Festmahl zu Ehren von Dadi abhalten. Man nahm an, daß die Dadi von Hindi nur das Blut der Ziegen trinken würde, deshalb goß man es über den Eisenpfahl. – Beim *Sheres*-Fest wurde außerdem getanzt. Die Männer eröffneten den Reigen, die Frauen tanzten anschließend um den Eisenpfahl. Die Tradition, daß Frauen in der Öffentlichkeit tanzen, gehört ganz und gar der Vergangenheit an.

4. Quelle: Lorimer, 1935, S. 189. – In dem Gegensatz schweigen – sprechen deutet sich eine Veränderung im sozialen Gefüge an. Derjenige, der ein Recht hat, in einer öffentlichen Versammlung zu sprechen, ist eine Person von hohem sozialen Rang. Derjenige, der schweigt, ist ein Untergebener, der seine Meinung nicht kundtun darf.

5. Quelle: Lorimer, 1935, S. 205–207. – Gereltum Hera: Schwarze Vögel mit langen Hälsen, die in einer Linie fliegen und sitzen. Sie scheinen Zugvögel von der Familie der Kormorane zu sein.

6. Quelle: Lorimer, 1935, S. 3–33. – Ein Märchen persischen Ursprungs. In dem Namen des Weißen Deu kommt zum Ausdruck, daß es sich hier um einen wohlwollenden Dämon handelt, der dem Bereich der Weißen Magie zuzuordnen ist.

7. Quelle: Müller-Stellrecht, 1980, S. 57. – Bahram Gushpur: eine persische Sagengestalt, die sich in Gilgit durch verschiedene Heldentaten ausgezeichnet hat. – Antimon (Spießglanz): Dieses Halbmetall dient als Apotropäum und soll gleichzeitig eine desinfizierende Funktion haben. – Yachini: Die Schwester des mythischen Siri Badat ist auch unter diesem Namen bekannt.

8. Quelle: Müller-Stellrecht, 1980, S. 56.– Man stellte sich die Yachini auch als männlichen *Deu* vor. Das im Originaltext verwendete männliche Personalpronomen wurde aber von der Übersetzerin nicht berücksichtigt, um die Geschichten über die Gilgit Yachini einheitlich zu gestalten.

9. Quelle: Lorimer, 1935, S. 235.

10. Quelle: Müller-Stellrecht, 1979, S. 279–280. – *Khalifa:* Siehe Einleitung, S. 28.

11. Quelle: Müller-Stellrecht, 1979, S. 285–286. – Es gibt in Hunza eine süße und eine bittere Variante des Buchweizens, von denen die letztere vorwiegend in höheren Lagen angebaut wird, da sie eine kürzere Vegetationszeit benötigt.

12. Quelle: Lorimer, 1935, S. 101–179. – Kiser: Der große Sagenheld Zentralasiens. Er ist der »Kesar« der ladakhischen »Kesar Saga«, der »Gesar« der tibetischen Version und der »Bogda Gesser Khan« der mongolischen Version. – Kiser wird auch als einer der Vorfahren des Diramiting-Stammes angesehen, weil er eine Prinzessin Hunzas, Bubuli Gas, heiratete, die als Stammutter der Ureinwohner gilt. – Lama: Platz oder Land in Baltistan oder Tibet. – Pangchu: Ursprünglicher Name Kisers, der immer dann wieder vorkommt, wenn er in seiner niederen Gestalt erscheint. – Diamir: Lokaler Name für den Nanga Parbat. – Bubulimo Tin: Der Berg der Bubuli im Nordwesten von Baltit in der Form einer Felsnadel. – *Pahlawan* (persisch): Held. Eine Ehrenbezeichnung für tapfere Krieger.

13. Quelle: Lorimer, 1935, S. 239–249. – Diram Churam genießt dieselben sexuellen Freiheiten wie die als »Ziegenböcke« bezeichneten tapferen Krieger. – Drei-Tage-Lampen: Diese Lampen werden drei Tage nach einem Begräbnis angezündet. Dazu liest ein Mullah aus dem Koran oder spricht Gebete, bis die Lampen ausgebrannt sind. – »Ich gehe um euch herum, Ochsen« bedeutet Respekt und Beschützung. Frauen zollen heute noch Ehrerbietung, indem sie die Hände kreisen lassen zur Begrüßung eines männlichen Verwandten, z. B. die Großmutter gegenüber ihrem Enkel.

14. Quelle: Lorimer, 1935, S. 209–213. – Dalv: mittlerer Wintermonat. Die Zeitrechnung in Hunza erfolgt nach dem arabischen Tierkreiszeichen-Kalender, der das Jahr in 12 Sonnenmonate einteilt. – Alexander der Große: Der Legende nach sind fünf Soldaten seiner Armee auf dem Rückweg von China in Hunza fußkrank zurückgeblieben. Dynastien und geschlossene Völkerschaften wollen von ihm abstammen. Damit wird häufig auch das Aussehen der Bergbewohner (relativ hellhäutig, vereinzelt blond und blauäugig) erklärt. – Shiri Berai Baghertham: Burushaski-Name des Siri Badat (siehe S. 100–102), der ein früher König von Gilgit, Hunza und Nager war. Es gibt außerdem eine weitverbreitete Mythe von Siri Badat als Sohn der Feen, Ur-Jäger und Ur-Hirt, der den Menschen die Fruchtbarkeit bringt. In der Geschichte von seinem Feuertod kommt sein dämonisches Wesen, verbunden mit kannibalischen Neigungen, stärker zum Ausdruck. Der kupferne Stock des Jünglings und seine Fußlappen aus Kupfer sind verständlich, wenn man weiß, daß das Burushaski-Wort für Kupfer *(riil)* ebensogut »Eisen« bedeuten kann. Von der magischen Kraft des Eisens wurde bereits gesprochen. Feen und Riesen besitzen eine besondere Beziehung zum Eisen. Siri Badat ist nicht nur als Feenkönig, sondern auch als ein Dämon von riesenhafter Größe in den Mythos eingegangen. – Mamutsa-Feld: Land des Königs in Altit, wo sich neben dem Königspalast in Baltit ein weiterer (älterer) befand. Auf dem »Lamm«-Feld wurden rituelle Handlungen vorgenommen. – Heri Sing: war ein alter Mann im Jahre 1923.

15. Quelle: Lorimer, 1935, S. 251–255. – Berishal: Gebiet der Bericho oder Dom, eine fremde Ethnie, die im Himalayaraum verstreut siedelt. Sie sprechen eine eigene, indo-arische Sprache (Dumaki), heiraten nur untereinander und dienen der Dorfgemeinschaft als Schmiede und Musiker. Sie haben heute das Burushaski ihrer Nachbarn angenommen.

16. Quelle: Lorimer, 1935, S. 257–259. – Eine Frau wird beschrieben als Tochter ihres Vaters (vgl. S. 73 »ein Mädchen aus Pheker«) und als Ehefrau aus dem Stamme ihres Mannes.

17. Quelle: Lorimer, 1935, S. 219–221. – Nakir und Munkir: Zwei Engel, die verstorbene Muslime in ihren Gräbern untersuchen.
18. Quelle: Lorimer, 1935, S. 261–267. – Die *Thamo* von Hunza, die Hindi eroberten, waren Vorgänger der Aiyesho-Dynastie.
19. Quelle: Müller-Stellrecht, 1979, S. 291–293. – Siri Badat: Synonym für Shiri Berai Baghertham (siehe Anmerkung 14). In anderen Überlieferungen heißt es, seine Seele sei aus Schnee gewesen, bzw. sein Herz habe aus *Ghee* bestanden. Das erklärt, warum der ansonsten allen irdischen Gefahren strotzende Tyrann im Feuer seinen Tod finden kann. Man stellte sich Siri Badat auch als Riesen vor. – Su Maliks Aussetzung in einer Kiste: Hier finden wir das weitverbreitete Moses-Motiv. – *Raja:* Herrscher, Fürst. –
20. Quelle: Lorimer, 1935, S. 281–289. – Die Geschichte von Baba Ghundi ist eine Parabel für Gastfreundschaft. – Das Königreich in Gilgit war damals in den Händen der Trakhanating. – Das Unglück, welches über Chupursan hereinbrach, geschah zu Lebzeiten von Silum Khan III (1790–1824). Die Schlammlawinen sind geographisch nachweisbar.
21. Quelle: Müller-Stellrecht, 1979, S. 239–241. – Die Täler des nördlichen Hunza, darunter Chupursan und Shimshal, gehörten vor der Einwanderung der Hunzukutz und Wakhi im 19. Jahrhundert zum Weidegebiet der Pamir-Kirgisen. – Langar (wakhi): »Anker«. Ort, an dem ein Heiliger seinen Wohnsitz nahm.
22. Quelle: Lorimer, 1935, S. 293–297. – Saiyid-Gräber: Ehrentitel der Nachkommen des Propheten Mohammed.
23. Quelle: Lorimer, 1935, S. 269–271.
24. Quelle: Lorimer, 1935, S. 229–231.
25. Quelle: Lorimer, 1935, S. 233.
26. Quelle: Lorimer, 1935, S. 35–47. – Diese Geschichte ist fremden Ursprungs. – Rum: Hiermit ist das Oströmische Reich, die heutige Türkei, gemeint. – Beschützerinnen: Es wird gesagt, daß jeder einen beschützenden Geist in der Form eines kleinen Mädchens (oder zweier) zur Seite gestellt bekommt. Sein Name ist *Rachi.* Die Beschützerinnen des Königs von Iran *(Rachakuyo)* kennen sein Schicksal im voraus und wissen, wie er ihm entkommen kann, aber sie stehen nicht in direktem Gespräch mit ihm.
27. Quelle: Lorimer, 1935, S. 49–99. – Diese Geschichte ist ebenfalls von außerhalb nach Hunza gelangt. Madain: Stadt in Persien. Der Schauplatz der Erzählung wird außerdem durch das Vorkommen historischer Persönlichkeiten wie die persischen Könige Kubad und Nushirwan erhellt. – Habash: Abessinien. – Bani Hashim: Die Familie des Propheten Mohammed. – Lat und Manat: Zwei Götzen, die in vorislamischer Zeit von Arabern verehrt wurden.

Glossar

Die folgenden Begriffe sind dem Burushaski entnommen. Es gibt zu dieser Sprache ein Wörterbuch von D. L. R. Lorimer: The Burushaski Language, 3 Bde., Oslo 1935–38, und von H. Berger: Das Hunza-Burushaski (unveröffentlicht). Es wurde eine vereinfachte, auf diakritische Zeichen verzichtende Schreibweise gewählt.

Bat, Bun	Flacher Stein, Stein-, Schieferplatte
Bilas, pl. Bilasho	Hexe, weibliches Dämonenwesen, das Menschen verschlingt
Bitan, pl. Bitaiyo	Schamane, Zauberer, Heiler, Prophet
Boin, pl. Boyo	verehrungswürdige Tiere, die in ihrem Aussehen jungen Hunden geglichen haben sollen
Bua, Buja	Kuh
Bul	Quelle
Chuk	ein Kornmaß, ungefähr 24 Pfund
Dangalatas	menschenfressendes Dämonenweib, Monster
Deu, pl. Deumuts	Riese mit übernatürlichen Kräften
Diram	fermentiertes Weizenmehl für Brot, Gebäck bei festlichen Anlässen
Gan	Weg, Pfad, Straße
Gushpur	Prinz, männlicher Angehöriger einer königlichen Familie
Halal	(Essen) erlaubt, (Fleisch) nach der Regel geschächtet
Jati	ein mit Fell überzogenes Holzgefäß, Kornmaß, faßt 8 Jati = 24 Pfund
Khalifa	Laienpriester, auch Geisteraustreiber
Khar	Goldmaß, zu Lorimers Zeiten 6–8 Rupien
Mal	Feld
Mir	Herrscher
Mitu	männlicher Gehilfe der Hexen
Pahlawan	Held, ehrenhafter Krieger
Pashu	Gegenspieler der Hexen
Peri, pl. Periting	Fee, überhaupt Geisteswesen
Pfut, pl. Pfutongo	eine Art Naturgeist, Dämon
Pir	religiöser Führer der Ismailiten
Sherma	Decke, Teppich aus Ziegen- oder Yakhaar
Tham, pl. Thamo	Fürst, König, Mir
Wazir	Wesir, Premierminister, Hauptratgeber des Mir